USA
美国
科学书架

★ 化学世界 ★
THE NEW CHEMISTRY

星际间的化学
CHEMISTRY OF SPACE

[美] 大卫·E. 牛顿 / 著
王潇等 / 译

上海科学技术文献出版社
Shanghai Scientific and Technological Literature Press

图书在版编目（CIP）数据

星际间的化学 /（美）牛顿著；王潇等译．—上海：上海科学技术文献出版社，2014.6

（美国科学书架：化学世界系列）

书名原文：Chemistry of space

ISBN 978-7-5439-6127-2

Ⅰ．① 星… Ⅱ．①牛…②王… Ⅲ．①中学化学课—课外读物 Ⅳ．① G634.83

中国版本图书馆 CIP 数据核字（2014）第 008050 号

图字：09-2014-108

总 策 划：梅雪林

项目统筹：张　树

责任编辑：张　树　于玲玲

封面设计：一步设计

技术编辑：顾伟平

星际间的化学

[美] 大卫·E. 牛顿　著　王　潇　等译

出版发行：上海科学技术文献出版社

地　　址：上海市长乐路 746 号

邮政编码：200040

经　　销：全国新华书店

印　　刷：常熟市人民印刷厂

开　　本：650×900　1/16

印　　张：14.75

字　　数：164 000

版　　次：2014 年 6 月第 1 版　2016 年 11 月第 2 次印刷

书　　号：ISBN 978-7-5439-6127-2

定　　价：28.00 元

http://www.sstlp.com

目录

前言

中学基础化学课所讲授的内容多半相对陈旧，而且学校之间在内容上大同小异。学生所学的不外乎以下几个方面的内容：原子理论、化学元素周期表、离子和共价化合物、化学方程式书写方法、化学计量以及液体等。对于那些有意在化学和其他科学领域继续攀登的学生来说，这些知识是他们前进的基础和根本。虽然课堂上老师能够准确地突出重点，但是，通常教师向学生传授的只是化学领域浩如烟海的研究成果中有限的部分。多数无意在化学或科学领域驻足的学生也能够通过化学获取有趣的知识，获知化学对他们日常生活方方面面所带来的最直接的影响。确实如此，那些主修科学的学生能够受益于这样的专业。

“化学世界”系列丛书共6册，力求带领读者纵览化学领域的最新资讯，而不拘泥于课本的条条框框。这6册书分别是：《防治疾病的化学》、《神奇的化学》、《福尔摩斯的化学》、《改变地球的化学》、《能吃的化学》以及《星际间的化学》。丛书内容新颖、覆盖面广，从化学最基本的问题，诸如物质和宇宙的起源，到实际生活中的化学，例如食品和药品的构成，都有涉及。之所以选择"化学世界"作为丛书名，是因为本丛书囊括了化学领域最新、最尖端的科研成果。丛书面向中学生，因为他们已经通过在校学习掌握了一定的化学基础。丛书中大部分的内容可以为具有基础化学知识的人所理解，还有少部分内容需要在掌握化学最新的尖端研究之后才能够领悟。

丛书的每一册都相对独立，各成体系。因此，读者可以从中任意选择进行阅读和学习。为帮助读者更好地理解书中的内容，每一册书都附有重要人物简短的生平介绍。

阅读提示

宇宙天文学是最古老的科学。很久以前，当人类还不明白岩石和矿物的组成，不了解化学反应怎样发生，甚至还没发现自己身体的结构和机制时，就已经知道在地球大气之外存在着天体——其他的行星、恒星和他们不甚了解的千奇百怪的物体。早期天文学家的天象知识令人赞叹。他们能够精确预测恒星的运动、四季的更迭、日月食的出现和其他天文现象，这令现代科学家颇感震惊。

尽管天文学很古老，但一直以来以深奥著称。地理学家可以捡起一块岩石，分析它的组成；化学家可以创造一定的反应条件，研究几乎所有的化学反应；生物学家可以解剖生物体，来确定其组成和功能；而天文学家的研究只能借助天体微弱的光线，他们必须设计出可行的方法来捕捉光线并采取尽可能多的方式来分析它。可供利用的资源是如此有限，相比之下，天文学家由此获得的信息却令人震惊。

太空化学家（研究天体组成及其内部化学反应的科学研究者）所面临的挑战，相比天文学其他领域的研究者，更加令人望而生畏。他们必须破解一束光里所携带的有关光源元素组成的信息(比如,这束光可能来自一颗恒星或一团星云),包括这些元素、化合物的最初来源和它们之间进行的化学反应种类。

然而,天文学家们仍然设法推断出了大量的信息:宇宙诞生过程中的重大事件、宇宙进化过程中的变化以及宇宙现在的组成。这之中的某些信息涉及化学所有领域的最基本问题,比如,质子、中子这些基本粒子来自哪里,元素又是如何形成的。尽管缺失许多重要事实,天文化学家还是给出了这些问题的答案,很大程度上解释了我们的世界是怎样变成今天这个样子的。

天文化学家还提供了太阳系中那些吸引又迷惑我们的天体的大量情报:金星是什么样子的?月亮来自哪里?巨大的木星和土星是由什么组成的?火星上可以有生命生存吗?这些问题是不太懂天文学的人常常爱问的,现在都可以回答了,或者至少是在某种程度上给出答案。

《星际间的化学》意图纵览最新的信息,囊括太阳系、行星、彗星、流星及宇宙中已知的其他特征事物。但信息更新极快。新的太空探测器正被送入太阳系和外层空间。每个这样的探测器都会传回有关天体的宝贵信息。感兴趣的读者将在本书中找到有用的更新数据以了解这一领域的最新进展。

一

宇宙的诞生

现在是宇宙的“时间零点”：宇宙诞生的一瞬。科学家现在认为时间零点开始于10亿~20亿年前的一次突然的剧烈爆炸，即“大爆炸”。他们对大爆炸之前的宇宙及爆炸最初的几微秒一无所知。实际上，宇宙学家（研究宇宙起源和性质的人）之间最有趣、最活跃的争论正是围绕新生宇宙在这最初几微秒内发生了什么而展开的。

不管怎样，大多数科学家很确信他们了解最初的变化。正是在这初始的时刻内，组成宇宙、太阳系、地球和所有生灵的化学模块产生了。

混沌初开

也许早期宇宙最贴切的图景就是一派无所不包的能量洪荒，其特性好比今日记录的多样电磁辐射形式。电磁辐射是一种空间中电场和磁场周期波动传播的能量形式。一些常见的电磁辐射形式有光、X射线、伽马射线。而初生宇宙最大量的能量形式就是伽马射线和光子。伽马射线就是电磁辐射的能量形式，而光子则是空间中传播光的粒子。有许多种不同伽马射线和光子，依占有的不同能量而区分彼此。

乔治斯·爱德瓦得·勒马特（1894—1966）

一些人可能认为大爆炸理论与宗教教学相悖。有意思的是第一个类似的大爆炸理论是由一个比利时牧师乔治斯·爱德瓦得·勒马特提出的。

勒马特1894年7月17日出生在比利时的克莱奥里（Charleroi, Belgium）。他在劳文（Louvain）大学获得了民用工程师学位，在第一次世界大战期间加入了比利时军队。战后，勒马特回到劳文攻读博士，但他很快就改变主意，想要成为一名牧师，进入神学院学习。1923年，勒马特被授予圣职，但他并没有放弃对科学的兴趣。他进入剑桥大学学习太阳物理，师从著名的英国天文学家阿瑟·爱丁顿（Arthur Eddington, 1882—1944）。1927年，勒马特在美国麻省理工学院获得了博士学位，之后，返回比利时，成为天体物理教授。

1927年，勒马特发表了一篇题为《匀质宇宙：质量恒定以及由于超星系星云辐射速度产生的半径增长》（*A homogeneous Universe of constant mass and growing radius accounting for the radial velocity of extragalactic nebulae*）的论文，提出了宇宙诞生的一种可能机制。假使我们将宇宙的历史想象成一部可以回放的动画片，在这种情况下我们将看到，组成宇宙的恒星和星系彼此越来越靠近，直至在某个距今十分遥远的时间坍缩为单个空间区域。这个由勒马特提出的“思想实验”，意味着宇宙可能是由一团极致密的物质和能量起源的，这被称作“宇宙蛋”或“初始超原子”。据勒马特推测，宇宙产生于这个宇宙蛋或超原子的爆炸，将物质和能量从中心喷射出，就形成了今天我们所知的这个膨胀的宇宙。勒马特估计这个宇宙蛋的体积有30个太阳大，并认为时间起始于20亿~60亿年前。

勒马特的理论在相当长一段时间受到冷落，直到他的老师英国天文学家阿瑟·爱丁顿将这篇论文翻译成英文发表在1930年的《自然》杂志上。自此，勒马特的理论广为流传，世界各地的天文学家都在讨论它。在此后的70年间，这个理论被多次改善和提升，但关于宇宙形成的描述被广泛认为是基本正确的。1966年6月20日，勒马特在劳文去世。

年幼的宇宙中还有大量微子（neutrinos），即不带电荷、质量极小或无质量的小粒子（现在的许多研究都集中于这些微子是否具有质量，如果有，到底是多少等问题）、伽马射线、光子和微子之间的相互作用导致了第一批粒子的形成。

能量和质量之间的关系最早由物理学家阿尔伯特·爱因斯坦（Albert Einstein，1879—1955）于1905年提出。爱因斯坦认为，能量和物质之间是可以相互转化的——即一定的能量等价于一定的质量，相反，给定的质量等价于一定的能量。他将这种关系定量表述为一个著名的方程式：$E=mc^2$。这个方程式表明，给定量的质量（m）具有质量（m）乘以光速平方（c^2）这么多量的能量（E）。通过这个方程，我们可以计算给定的能量对应多少质量，反之亦然。

例如，伽马射线、光子和具有相对较少质量的微子之间的相互作用产生了相对较轻的粒子。电子是已知的最轻粒子之一，为9.042×10^{-28} g。它是由一个伽马射线（γ）和一个能量不多于0.511 MeV的微子（γ）相互作用产生的。符号MeV代表一兆（百万）电子伏特，这是一种能量的表示法。当一个电子被100万伏特加速后，它就获得了一兆电子伏特的能量。这个电子由伽马射线和微子作用产生的反应式可以表示如下：

$$\gamma_e+\gamma_e\longrightarrow e^-$$

这就是说，合适数量的伽马射线（γ_e）和合适数量的微子（γ_e）相互作用可以形成一个电子（e^-）。

科学家的一个普遍做法反映了质量和能量之间的关系：他们将一个粒子的质量表示为传统的单位（例如克）或者与质量相当的能量。例如，一个电子的质量可以被表示为9.042×10^{-28} g或者0.511 MeV。与此类似，一个质子的质量可以被表示为1.660×10^{-24} g或者938.26 MeV。

大爆炸之后宇宙瞬间的状况并不适于电子的形成。在那个时间点，伽马射线、光子和微子具有很高的能量，比产生电子所需的能量还要多。相反，这样的状况却有利于具有更高能量当量的重粒子的形成。这些粒子包括缪子（muon）和质子。一个缪子（也被称作缪介子，mu meson）比一个电子的质量大得多。质子更重，有 1.660×10^{-24} g，近乎是电子质量的300倍。

另一种在此期间形成的粒子是夸克，是已知最基本的粒子。六"味"（种）夸克被标识为：上、下、粲、奇、顶、底（up，down，charm，strange，top，and bottom）。这些夸克的质量从比电子略重（上和下夸克）到和质子和缪子差不多重（奇和粲夸克），再到有质子和缪子的100倍重（顶和底夸克）不等。

同电子一样，质子、缪子和夸克也是由伽马射线、光子和具有特定能量微子的相互作用产生的。例如，质子形成的条件涉及总能量有1 000 MeV的伽马射线和微子的相互作用：

$$\gamma_p+\gamma_p\longrightarrow p^+$$

这里伽马射线和微子所携带的能量比形成电子所需的能量高得多。缪子的形成可由类似方程描述：

$$\gamma_\mu+\gamma_\mu\longrightarrow\mu^-$$

在这里，伽马射线和微子的总能量需要大约100 MeV。

冷却中的宇宙

为了理解早期宇宙中的反应类型，科学家需要估计当前的能量总量。这一概念的另一表述为，科学家必须知道宇宙温度的近似值，因为温度是当前平均动能的量度。因此，有关幼年宇宙的讨论转化为估计宇宙演化不同阶段的温度。

科学家现在认为，大爆炸之后几微秒时宇宙的温度大约有 10^{14} K。符号K代表开尔文（kelvin）温度，是绝对温度的度量。在极高的温度下，开尔文、摄氏（Centigrade）和华氏（Fahrenheit）近似相同。为了方便比较，我们的太阳中心的温度约有 10^{7} K。

大爆炸最初产生的火球迅速膨胀并冷却。在几微秒内，温度降到了 10^{13} K，在这种环境下夸克和质子可按上述机制形成。

在第10微秒时，温度降到 10^{12} K以下，缪子可以形成。此后，再过约10秒，温度进一步下降，约 4×10^{9} K，允许电子形成。换句话说，在大爆炸产生宇宙10秒后，物质包含的所有基本粒子——质子、电子、缪子和夸克——都已经形成了。

事实上，另一大类粒子也同时形成，即各式各样的反物质。反物质粒子除了与上述讨论的粒子电荷不同以外，其他完全相同。例如，反电子，除了不像电子带负电荷而是带一个正电荷外，与电子没什么两样（由于这个原因，反电子有时叫做正电子）。与此类似，反质子带一个负电荷而反缪子带一个正电荷。

反粒子的形成反应与质子、缪子和电子相似。唯一的不同之处在于这样的反应涉及反微子的参与。例如，反质子便是由以下反应形成的：

$$\gamma_{p} + \bar{\gamma}_{p} \longrightarrow p^{-}$$

方程式中微子符号上的横杠代表一个反微子在反应中与一个伽

马射线形成了一个反质子。与此类似，反电子由伽马射线和电子反微子形成：

$$\gamma_e + \bar{\gamma}_e \longrightarrow e^+$$

反物质的创生和最终命运是宇宙学中最令人困惑的问题之一。科学家认为，在宇宙的最初几秒钟里形成了相对等量的物质（质子、缪子和电子）。没有理由说明一种物质比另一种物质更易于形成。

而现在看到的宇宙似乎并不支持这个假设。反物质事实上几乎是缺失的。反物质可以在实验室里制造出来，有理由相信在宇宙的某些部分它是存在的，但它在今日宇宙中太过罕见了——几乎是不存在的。那么在10亿~20亿年前那些反物质创生的时候发生了什么呢？

回答这一问题的一条重要线索是物质和反物质相处得并不很融洽。当一个粒子遇见了一个反粒子时，便会产生一个反应，使两种物质都湮灭了。反应的产物是两个伽马射线、一个微子和一个反微子。例如，假设是一个质子和一个反质子，那么反应如下：

$$p^+ + p^- \longrightarrow 2\gamma + \gamma_p + \bar{\gamma}_p$$

也许有人反驳，如此一来，宇宙创生之时粒子应比反粒子多产生了一些。例如，假设有100万个反质子和100万零1个质子在宇宙某区域产生。那么这100万对粒子与反粒子彼此反应而湮灭，还留下一个质子。随时间积累，这类微弱的不对等也许可以解释现代宇宙中物质相对反物质的统治地位。

另一些科学家认为，不管怎样，也许有另外的理由解释今日宇宙中反物质的缺失。他们倾向于认为,至少有另一个宇宙存在,一个我们一无所知的宇宙。他们称谓的这个平行宇宙可能包含反质子和反电子组成的原子、分子、离子和其他粒子。这两个宇宙,一个是我们的,一个是由反物质组成的,能够同时存在是以它们从来没有机会相遇为前提的。如果它们真的接触了,就都会毁灭。

粒子衰变

大爆炸之后最初时刻创生的一些粒子会通过刚描述的物质与反物质的湮灭而遭破坏。其他的一些粒子,是因其他进程消失的。这些进程中最普遍的是核的不稳定性。在某个阶段,这些粒子自发地破裂成两个或多个粒子。这个进程与放射性衰变(一个原子核裂变成两个或多个更小的粒子)的机制相似。例如,大爆炸之后质子和电子可以迅速形成中子:

$$p^+ + e^- \longrightarrow n^0 + \gamma$$

但自由的中子自身是不稳定的,以1 013秒的半衰期衰变:

$$n^0 \longrightarrow p^+ + e^- + \gamma$$

这就是说许多中子在由质子和电子产生之后又很快消失了。唯一能够留存下来的中子是那些可以与质子结合形成氢核的,这一过程将在下一部分介绍。

缪子面临与中子同样的命运。缪子衰变为一个电子和两个微子，半衰期只有2.2×10^{-6}秒：

$$\mu^{-}\longrightarrow e^{-}+\bar{\gamma}_{e}+\gamma_{\mu}$$

复合粒子的形成

大爆炸之后最初形成的粒子迅速分散到大的空间之中。同所有爆炸相同，扩张的力量着实很强。粒子以闪电般的速度向外冲出，彼此远离。

以秒计的时间内，另一种力量开始形成，与扩张的力量相抗衡。这便是万有引力（重力），这种力量将粒子彼此拉近。最初，引力根本无法和张力相比，宇宙迅速扩张。随着大爆炸后的温度降低，万有引力变得显著起来，而扩张力相对变弱。最终，两个新生成的粒子（例如质子和电子）相互靠近并且使结合成为可能。最先最简单的反应可能是单个质子和单个中子形成氘子：

$$p^{+}+n^{0}\longrightarrow D$$

氘子是氢和氘的同位素的核。对应氘子（D）的核记号是$^{2}_{1}H$。在这种核记号中，上标（在此为2）代表质量数，而下标（在此为1）代表原子序数，即总质子数。

氘子在大爆炸初期相对不稳定，因为一旦遇到伽马射线，它们就裂变为两个组成部分：

$$D+\gamma\longrightarrow p^{+}+n^{0}$$

那么，既然高能的伽马射线是如此丰富，氘子没有可能留存下来。

这个历程中的关键转变点在于幼年宇宙的温度降到10^9 K以下。在这个转变点，有足够能量分裂氘子的伽马射线就不那么丰富了，因此氘子留存的几率大大增加。此时是大爆炸之后约100秒，氘子在空间开始积累。

还是在这个转变点，第二个反应开始发生。尽管氘子正在开始积累，但它们的反应活性依然很高，因为它们的核多少不那么稳定。当两个这样的粒子相碰，它们将会反应生成另一种新粒子氦-3核。

$$D + D \longrightarrow {}^3_2He + n^0$$

这个反应的一个负产物是中子，由此补充因衰变不断消失覆灭的中子。

两个氘子的反应还产生了氦-3。此反应的第一步是两个氘核结合生成氚，它的核是一个三倍体：

$$D + D \longrightarrow {}^3_1H + p^+$$

氦-3不稳定，以12.33年的半衰期衰变为氦-3、电子和微子：

$${}^3_1H \longrightarrow {}^3_2He + e^- + \bar{\gamma}_e$$

幼年宇宙的温度继续下降，更多样的反应成为可能，最初的质子、中子、氘子和氦-3核都参与其中。这其中有一个尤其有趣，因为它形成了另一种新的复合核，即氦-4。在这个反应中，两个氦-3核反应生成氦-4，如下所示：

$${}^3_2He + {}^3_2He \longrightarrow {}^4_2He + 2p^+ + \gamma$$

当大爆炸之后宇宙冷却时，各种化学物种的浓度急速剧烈变化。图1-1显示了这之中一些最重要物种的相对浓度。注意，这些物种中只有质子稳定在相对高浓度水平。而当中子浓度下降时，更复杂物种的浓度便提高了，如氘、氚和氦的两种同位素。大爆炸之后约100~1 000秒时，这些物种之间的比例渐趋于一个相对恒定的值，质子、氦-4占据了混合物种中压倒性的最高比重。

图中没有列出宇宙演化100秒后形成的3个另外的核素。它们

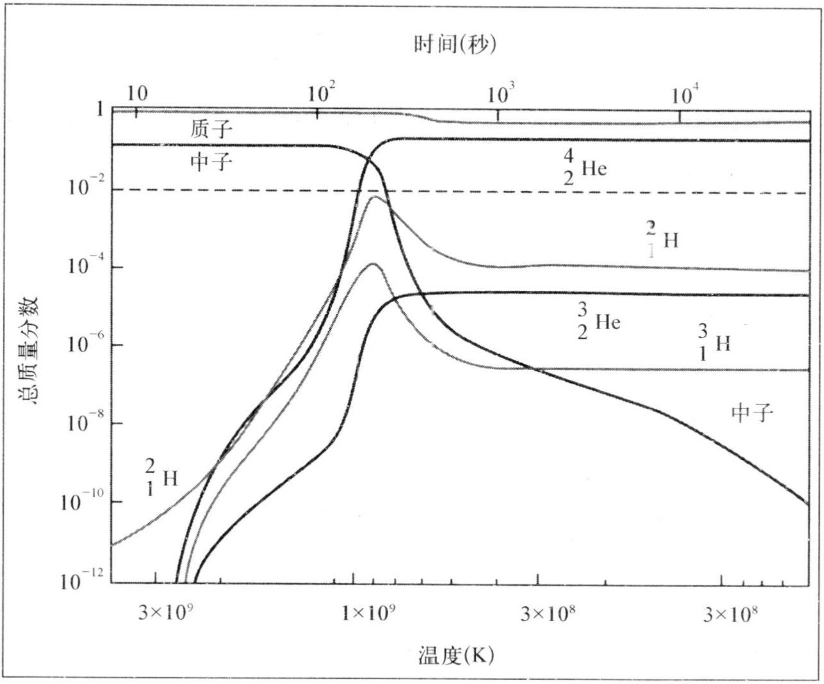

图1-1 早期宇宙不同化学物种的浓度

是锂-6、锂-7和铍-7。这些核素是通过各种过程生成的，由更轻的核，如质子、氘子和氦核参与形成。例如，锂-7可能是由以下两种反应之一或共同形成的：

$$^{3}_{1}H + ^{4}_{2}He \longrightarrow ^{7}_{3}Li + \gamma$$

$$^{4}_{2}He + ^{4}_{2}He \longrightarrow ^{7}_{3}Li + ^{1}_{1}H + \gamma$$

或者

$$^{3}_{2}He + ^{7}_{3}Li \longrightarrow ^{7}_{4}Be + \gamma$$

之后

$$^{7}_{4}Be + ^{0}e \longrightarrow ^{7}_{3}Li$$

这3种核素的浓度在第1 000秒时可能还很低，从锂-6的10^{-12}到锂-7和铍-7的10^{-10}。

之后便有了原子

存在了几分钟之后，宇宙熙攘充满了基本粒子：质子、中子、电子、氘子和氦核。似乎到了原子形成的时间了。

只要一个质子和一个电子结合就可以形成第一个氢原子：

$$p^{+} + e^{-} \longrightarrow H^{0}$$

但这样的反应却在大爆炸之后数百万年中都没有发生。为什么呢？

因为事关动能。开始几分钟、几个月甚至几年之内粒子的动能非常巨大。当温度在百万K数量级时，粒子间的静电引力不足以使质子和电子结合并停留在结合态。静电力之一是带有不同种电荷粒子之间的吸引力。

事实上，静电力相对宇宙中其他作用力是如此微弱，根本不足以有效地使两个粒子彼此吸引接近，直到温度降到10^4 K以下，这时距大爆炸已有千万年了。在这个时间点，第一个中性原子开始形成，质子和电子结合生成氢原子；氘子和电子结合生成氘；氦核和电子结合生成氦原子。

不用太久，温度降到了10^3 K以下，当两个中性氢原子结合生成氢分子时，第一个双原子分子开始形成：

$$H^0 + H^0 \longrightarrow H_2$$

这时，新元素的合成停止了。原因是比氢和氦重的核只能通过电荷类似的粒子（如质子和氦核）结合才能形成。一种假设的例子是两个氦核结合生成铍：

$$^4_2He + ^4_2He \longrightarrow ^7_4Be + ^{-1}_0e$$

这样一个反应需要两个氦核，每个都带有强正电荷，彼此结合，但几百万年后，它们的动能已经不足以支持这种状况发生了。由此，比锂重的元素的大量合成有待恒星生成来提供新的能量来源。

这个理论是真的吗？

大爆炸理论是一个发展完善、数学论证精细的宇宙创始假说，经过了很多年的检验。与所有同类理论一样，问题在于是否有物理证据来支持它。现代宇宙是否拥有一些侧面可能对这个理论进行证明或证伪呢？

至少有3种主要的观测手段可用来检验大爆炸理论：

1. 宇宙在膨胀吗？

2. 轻元素的丰度如何？

3. 可能检测到宇宙微波背景吗？

第一例这类检测是基于一个简单的事实，即如果大爆炸发生了，宇宙一定还在膨胀。就是说，如果宇宙产生于数百万年前的一次大爆炸，那么爆炸形成的物质应该仍在向外膨胀。第一个观测到这个效应的是美国天文学家爱德文·普维尔·胡伯（Edwin Powell Hubble，1889—1953），1929年他宣布，据他研究，地球所在的银河系外的所有星系都在远离银河系而去。进一步，任一给定星系的退后速率与它距地球的距离相关：一个星系越遥远，退后的速率越快。用一个表面有斑点的气球可以解释这一现象。当吹起这个气球时，斑点远离气球中心的速率依赖于它们距中心的距离。

另一个令今日宇宙学家困惑的问题是宇宙膨胀的进程是否会永远进行下去。有3种可能性存在。第一种，宇宙将永远膨胀下去，变得越来越稀薄。第二种，膨胀的速率将会变慢，直至恒星和星系不再彼此远离。导致这一改变的是使物质聚集的万有引力。因此，在宇宙第二种可能的未来里，大爆炸产生的向外扩张力量和向内吸引的重力最终平衡。这种情况导致一种“稳态”宇宙，最终不再增长，也不再缩小，只是保持着最终的维度。第三种可能，是粒子和天体之间的重力引力最终比外扩力更强大。在这种情况下，膨胀过程将停止并最终“转回”。重力将离子和天体向内拉回，彼此靠近，宇宙某时将自我坍塌，这被一些科学家称作“大挤压”（the big crunch）。

科学家通过探测宇宙的外形可以确定这3种假设哪种最为可能。比如，如果宇宙是球形的，像前面举例说明的气球一样，那么它会最终停止膨胀开始回缩，导致大挤压；如果宇宙拥有更复杂的形体，比如，类似鞍形，它将永远膨胀下去；最后，如果宇宙是平的，它将最终达到停止膨胀且永不回缩的稳态。

天文学家面临的最复杂的实验挑战之一便是确定今日宇宙的形状。有一些可以利用的方法，最有前途的是确定当下宇宙的辐射分布，这仍保留了亿年前大爆炸留下的线索（这项研究获得的一些数据将在本章稍后讨论）。

检验大爆炸理论的第二种方法是要估计某些轻元素的丰度，特别是氢、氦和锂。天文学家认为今日宇宙现存的轻元素是在大爆炸初期生成的。他们可以估计大爆炸后形成的氢、氦和锂的量，作出一些有关那时宇宙的假设。之后他们可以拿现今这些元素的实际数量与大爆炸理论的计算结果进行比较。如果这两个数量接近，他们便可使人们更加确信大爆炸理论是正确的。

预测初始氢、氦和锂数量的计算有些复杂，但它们主要是基于一种度量，即早期宇宙平衡点的质子和中子之比。一旦数目确定，估计将要形成的轻元素相对丰度就是可能的。以氦最常见的同位素氦-4为例，采用最广为认可的数据，即7个质子对1个中子（n/p=1/7），可以用以下公式估计早期宇宙的氦-4丰度：

$$A_{He}=\frac{2(n/p)}{1+(n/p)}=0.25$$

即，如果大爆炸理论是正确的，大爆炸最初的几分钟内氦的丰度应该是25%左右。

宇宙早期之后，氦仍在形成。例如，它是恒星核反应的副产物。这种反应产生的数量相对大爆炸产生的数量是非常小的。因此，如果研究者能够检测到今日宇宙不同部分的氦丰度，他们将期望看到这个数量非常接近25%。

这就是所发生的：例如，太阳的现今氦丰度约22%。大量年轻恒星中为28%，星系际间物质从26%~29%不定。平均这些由大量研究得到的数据，天文学家建议现今的氦丰度应为（24 ± 1）%，与基于大爆炸理论的计算相当吻合。

相似的研究考察了现今宇宙的锂丰度。基于大爆炸理论的计

乔治·加莫（1904—1968）

科学理论在能够用数学表述之前常常没有多大价值。大爆炸理论也是如此，这个模型最早由勒马特于1927年提出；它最初并没有引起多大注意，其原因至少部分在于没有为大爆炸后的年轻宇宙提供数学解释。这一进步的解释在勒马特原始论文发表十多年后由俄裔美国物理学家乔治·加莫（George Gamow）完成。

加莫1904年3月4日出生于奥德萨（Odessa）。13岁生

日时，父亲送给他一架望远镜，他对于天文学的兴趣由此始发。加莫就读于诺瓦罗斯基大学（Novorossysky University）和列宁格勒大学（the University of Leningrad），1928年获得博士学位。苏联前领导人约瑟夫·斯大林（Joseph Stalin）加强了对于科学研究工作的控制，加莫打算离开祖国寻求更加开放的工作环境。最终当他参加1933年在布鲁塞尔（Brussels）召开的索维大会（Solvay Conference）时投奔美国。初到美国，1934—1956年，他在乔治·华盛顿大学（George Washington University）任教授，之后又接受在克拉尔多大学（the University of Colorado）的一个类似职位，直至1968年8月20日去世。

加莫的研究生涯集中在两个主要领域，几乎是想象的极限：核物理和天文学。在核物理方面，他提出了两种核衰变的解释：通过失去α粒子和通过发出β射线。第二次世界大战期间，他成为曼哈顿计划（Manhattan Project）的一员，这个项目旨在发展第一颗原子（裂变）弹，之后他又参与研制第一颗氢（聚变）弹。

1948年，加莫与德裔美国物理学家汉斯·贝兹（Hans Bethe，1906—2005）、美国物理学家赖福·阿尔弗（Ralph Alpher，1921—　）合作发表了一篇有关大爆炸的论文。这篇文章后来常被称作阿尔法-贝塔-伽马（α-β-γ，谐音阿尔弗-贝兹-加莫）宇宙假设。加莫和他的同事提出宇宙诞生于一次巨型爆炸，之后产生了热得难以置信的粒子混合物（主要是中子、质子和电子），他们称之为爱勒姆（ylem）。这个词最早由希腊自然哲学家亚里士多德提出，用于称呼物质的终极形式。这个阿尔法-贝塔-伽马假说进一步解释了例如氦核等较为复杂粒子在爱勒姆逐渐冷却时的最终形成过程。尽管假说后作修改，但它为大爆炸理论提供了根本的基础，仍被今天大多数天文学家和物理学家所接受。

算表明锂-7的丰度的确很小，约10^{-10}，以粒子数计。在过去的时间里，有关一百多颗恒星的研究都涉及了锂的含量。这些恒星中锂的平均丰度约为（1.6 ± 0.1）$\times 10^{-10}$，也与理论值吻合良好。有关现今宇宙中氦和锂丰度的研究与大爆炸核合成计算很相符，因而极大地支持了大爆炸理论。

第三种大爆炸理论的检测是"宇宙微波背景辐射"（CMB）研究。早在1934年，天体物理学家理查德·塔曼（Richard Tolman，1881—1948）显示大爆炸产生的辐射在现今宇宙中仍然是存在的。经过数亿年，温度已经显著地下降了，而背景辐射仍保存着大爆炸的热特征。

1948—1950年，乔治·加莫（George Gamow，1904—1968）、赖福·阿尔弗（Ralph Alpher，1921—　）和罗伯特·赫尔曼（Robert Herman，1914—1997）3位物理学家，一起解决了"化石辐射"的

数学分析问题，并确定了它的温度约为5K（约在绝对零度之上的2.72℃），确实是非常冷的温度，但不是零！这个预测使大爆炸的另一种实验检测成为可能。挑战在于这种低温辐射是否能够被检测到。

十分有趣的是，大爆炸辐射在20年后被发现了。事出偶然。1963年，德-美物理学家阿诺·本泽尔斯（Arno Penzias，1933— ）和他的美国同事罗伯特·伍德罗·威尔森（Robert Woodrow Wilson，1936— ）开始了有关电磁波的研究，他们认为这些电磁波可能来自银河系之外。在此期间，他们发现了电磁波谱微波区的背景噪音，但无法予以解释。在将此实验结果与美国物理学家罗伯特·迪克（Robert Dicke，1916—1997）进行讨论后得出结论，他们发现了加莫、阿尔弗和赫尔曼预言的宇宙微波背景辐射。本泽尔斯和威尔森因此被授予1978年的诺贝尔物理学奖。

自1990年之后，天文学中一些最令人激动的研究集中于发展有关现代宇宙中宇宙微波背景辐射的更深理解。这项研究的一个必要组成是1989年"宇宙背景辐射探测器"（COBE）在美国国家航空航天局哥德阿得空间飞行器基地（Goddard Space Flight Centre）的发射升空。宇宙背景辐射探测器携带了3组探测宇宙微波和红外背景辐射的仪器。它有3个重要的发现。第一，它更精确地测定了宇宙微波背景辐射在2.725 ± 0.002 K，与大爆炸的理论预测非常接近。第二，它发现了宇宙微波背景辐射中存在小"波纹"（ripples），即卫星仪器在进行空间探测时，发现宇宙微波背景辐射在一些方向略强，而在另一些方向略弱。

波纹效应的强度的确很小，只有几十万分之一。尽管这种各向异性（anisotropy，不同方向数量不同）非常小，但并不是完全无足轻重。事实上，天文学家认为宇宙微波背景辐射中微小的变化也许与早期宇宙中物质分布的差异有关，而正是这种差异使日后恒星和星系的形成成为可能。

最后，宇宙背景辐射探测器上的一组仪器检测了宇宙红外背景辐射（CIB），是大爆炸数百万年之后最早恒星形成期的残余。尽管很知名，宇宙背景辐射探测器却并不是唯一一个涉及宇宙微波背景辐射的研究项目。例如1988年，另外两个研究组利用放飞气球到平流层的方法来研究宇宙微波背景辐射。这些计划，被称为BOOMERANG和MAXIMA，生成了天空的微波地图，与宇宙背景辐射探测器生成的图像在透视和视角上略有不同（图1-2）。

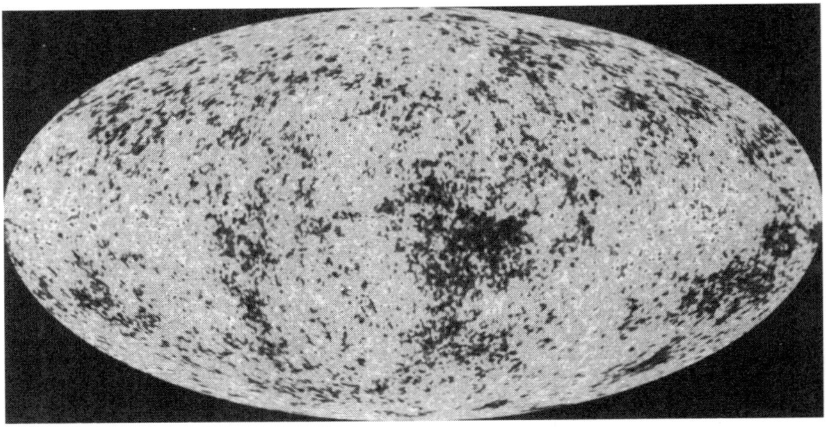

由美国国家航空航天局的宇宙背景辐射探测器拍摄，这幅图片展示了由卫星观测天空不同区域的温度变化。（美国国家航空航天局/图片研究者有限公司）

图1-2　天空的微波图

下一步呢？

宇宙背景辐射探测器发现的宇宙微波背景辐射各向异性正对天文学家的胃口，他们想要得到有关现今宇宙微波分配的更多信息：它也许会提供幼年宇宙演化的线索。更多的实验正被列入计划来获取有关宇宙微波背景辐射各向异性的更多细节信息。这之中最重要的实验是美国国家航空航天局微波各向异性探测器MAP计划，最初在1995年提出。MAP意在继续探测微波背景辐射的不规律性，但比宇宙背景辐射探测器具有更高分辨率。

宇宙背景辐射探测器在天空中的角分辨率为7°，角分辨率是仪器分辨物体的能力。宇宙背景辐射探测器生成的微波地图较为粗糙，缺少细节。相比之下，MPA的角分辨率有0.3°，使它能够在0.3°的温程内探测到小至20μK的温度差异。

MAP于2001年6月30日由美国国家航空航天局发射，3个月后的10月1日到达预定轨道。这条轨道位于距地球100万英里（1 500万千米），并在背日面。2002年4月，MAP完成第一圈飞行，6个月后完成了第二圈飞行。

来自这两圈飞行的原始数据于2003年1月发布。这些数据提供了13.7亿年前宇宙形成后37.9万年的相当精确的图景，显示出最早恒星的形成比料想的要早得多，约在200万年时。MAP好像还发现了宇宙基本是平的，没有明显的凹凸之处。当仔细处理和研究MAP的数据时，科学家获得了对宇宙微波分布的更深认识并发展了有关宇宙最初几秒、几分和几小时的改善解释。

二

星系际空间化学

在一系列理想条件下，大爆炸将会产生一个完全匀质的宇宙，其中质子、氢原子、氦原子、光子及物质和能量的其他粒子平均分布在空间中。正如宇宙微波背景辐射中的各向异性（波纹）所揭示的那样，这个设想不会发生。与之相反，大爆炸之后粒子开始或多或少地聚集在一起。经过很长一段时间之后，“聚集效应”导致了恒星、星系和组成今日宇宙的其他特征事物的形成。

这些特征事物是如此地吸引人们的注意，以至于我们很容易忽略物体之间的广漠空间，即星系际间质（ISM）。的确，直到20世纪的前10年，多数天文学家还认为星系际间质实质什么都没有，是大量的真空，缺少即便最简单的物质形式。而1904年，德国天文学家约翰尼·哈特曼（Johannes Hartmann）找到证据证明星系际间质并非空无一物，至少包含一些元素的原子。尽管以一些标准（比如在地球上常用的那些）

来看星系际间质是空的，但物质和能量的粒子的确存在其中，使它在新物质和元素的创生中起到关键作用，而正是这些新物质和元素组成了地球、地球上的所有生灵和其他的天体（图 2-1）。

星系际间质的组成

星系际间质的两种形式为气体和尘埃。“气体”定义为在地球上呈气态的物质，如氢气、氦气、氧气和氮气。与此不同，尘埃却与

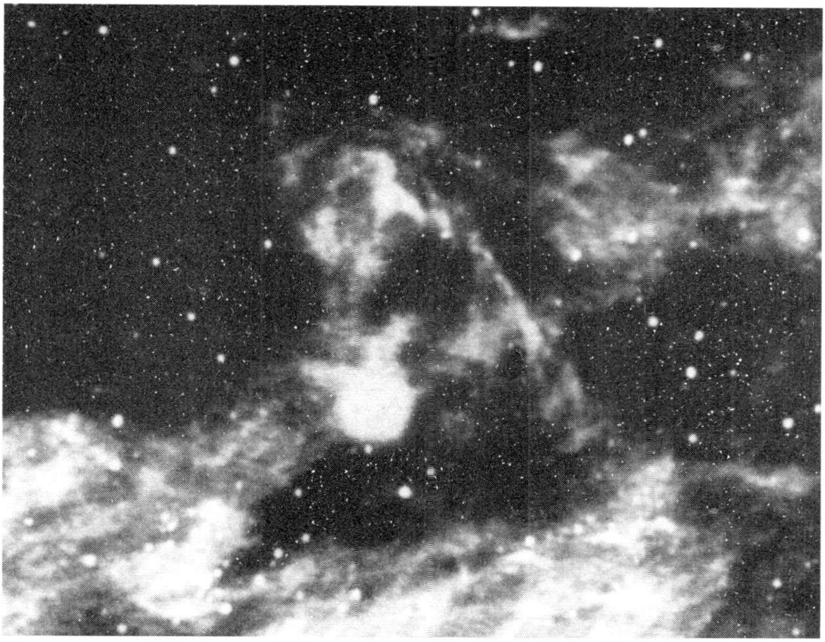

图 2-1　星座区域内的星系际间质图像（美匡国家航空航天局/图片研究者有限公司）

地球上人们所见极为不同。它并不是指人们在长久闲置的屋子中找到的那些小颗粒聚集物，而是指直径小于1微米的小颗粒。气体比尘埃更常见，星系际间质99%是由气体组成的，只有1%的尘埃。

尽管它们的浓度在星系际间质的不同部分有所差异，气体分子和尘埃粒子非常稀薄。星系际间质中的平均物质密度约是每立方分米一个原子。与此相比，人类在地球上所能达到的最高真空是每立方分米10^7个原子，而地球表面的空气密度约为每立方分米3×10^{19}个原子。

在过去40年中，科学家发现星系际间质中存在一百多种不同的原子和分子。大爆炸残留的氢和氦占有绝对高的丰度。星系际间质所有的原子和分子中90%是氢，另外10%是氦。若以质量计，星系际间质中75%是氢，25%为氦。

氢在星系际间质中可以三种形式中的任意一种存在：作为分子态氢（H_2），中性原子态氢（H）或离子化氢（H^+）。后两种形式称为HⅠ（一号氢，氢原子）和HⅡ（二号氢，氢离子）。这种命名系统也适用于其他的原子和分子，来表示一个粒子的离子化程度。由此，HeⅠ是中性氦（He^0），HeⅡ是一价氦离子（He^+），HeⅢ是二价氦离子（He^2+）。一些作者用的标记法略有不同，比如在元素符号和罗马数字之间以空格分开，形如He Ⅰ、He Ⅱ、He Ⅲ。

到目前为止，星系际间质中氢的最常见形式为中性氢，H^0。氢离子和氢分子，只被发现于空间中的特定区域——“星云”中存在。在下一部分将会看到，气体星云中或者含有氢离子，或者含有氢原子，或者二者都有。

自从哈特曼1904年的发现，天文学家了解到尽管浓度非常低，星系际间仍存在着多种多样的元素与化合物。事实上，哈特曼最初的发现是基于对星系际间质中钙谱的观测。到今天，天文研究者获知了至少123种星系际分子。表2-1中列出了较为常见的一些分子。人们熟悉的元素和化合物也存在于星系际间质中，包括臭氧（O_3）、氯化氢（HCl）、氯化钠（NaCl）、甲酸（HCOOH）、甲醛（HCHO）和甲烷（CH_4）。

表2-1　星系际间质中发现的一些分子

分子中的原子数							
2	3	4	5	6	7	8	多于8
H_2	O_3	C_3H	CH_4	C_2H_4	C_6H	C_7H	C_8H
HD	H_3^+	NH_3	$c-C_3H_2$	CH_3OH	CH_3C_2H	C_6H_2	HC_7N
CH	C_2H	C_2H_2	HCOOH	CH_3SH	CH_3CHO	$HCOOCH_3$	HC_9N
OH	C_2O	C_3O	CH_2CN	CH_3NC	$c-C_2H_4O$	CH_3C_3N	$HC_{11}N$
NH	C_2S	$c-SiC_3$	C_4H	C_5H	CH_2CHOH	CH_2OHCHO	$(CH_3)_2O$
NO	CH_3	HC_2N	C_4Si	C_5N	HC_4CN	HC_5CN	$(CH_3)_2CO$
NaCl	HNO	HCHO	HC_3N	NH_2CHO	HC_5N		CH_3C_4H
AlCl	KCO	HNCS	CH_2CO	HC_2CHO	CH_3NH_2		$HC_{10}CN$

* 字母c表示环状物质。注意：大多数物种可以中性粒子或者带电荷粒子两种形式存在。由此，H_2代表H_2^0或者H_2^+。

特别有意思的是，这张表格包括一些地球上根本不存在的分子！一个化学初学者很难提出这些化合物的分子结构。它们以长碳链外加1~2个氢原子（有时还有1个例如氧或氮的杂原子）的形式存在。它们有时是包含1个到多个双键的环状化合物，有时包含多个双键，甚至三键而呈现高度不饱和状态。尽管周围环境中的氢很丰富，它们仍能够存在，令化学家大为困惑。这种不寻常化合物包括某些腈（cyanoacetylenes）类，这些分子包含2个至多个原子，原子间以三键连接，一端为氢原子，另一端为氮。表中分子式为HC_7N、HC_9N和$HC_{11}N$的分子便是这样的化合物。星系际间质中找到的不饱和环状化合物有四元c－SiC_3环和三元c－C_3H_2环。

上面列表中更复杂物种的形成机制仍很费解。可以想象，像CO这样双原子分子，是1个碳原子和1个氧原子碰撞产生的，但这种简单的二体碰撞过程并不足以解释更复杂化合物的产生，例如甲胺（CH_3NH_2）。科学家们现在怀疑星尘颗粒参与其中。

科学家们仍继续搜寻着星系际间质中新的化学物种。有时，这样的搜寻只是为了进一步了解星系际间质的化学组成。但在另一些情况下，一个特定化学物种的发现将提供关于宇宙演化的有用信息。例如，一些研究小组对确定星系际间质中放射性同位素铝－26的分布特别感兴趣。他们之所以感兴趣是因为铝－26是恒星中某些元素合成反应的产物。它的存在将解释恒星中元素是在哪里以何种方式形成的。而且，铝－26的半衰期（7.2×10^5年）相对较短，为确定正在发生的恒星演化种类提供了时间线索。

星系际间质中新物种的搜寻常常与基于地球的化学研究产生有趣的关联。2001年就有这么一个发现。弗吉尼亚州夏洛特斯威尔（Charlottesville, Virginia）国家放射天文台（National Radio Astronomy Observatory）的研究者们宣称，在太空中发现了乙烯醇。乙烯醇的结构式是$CH_2=CHOH$，它是工业和研究中许多有机合成反应的重要前体分子。化学研究者怀疑乙烯醇在ISM复杂有机物的合成中起到了类似的作用。

天文化学研究者深感兴趣的另一类化学物种是氨基酸。氨基酸就是包含氨基（$—NH_2$）的有机酸；它们的通式是RNH_2COOH。氨基酸的重要性在于它们是构成蛋白质的模块。在过去的几十年中，科学家们曾就氨基酸是否能够存在于太空中还是只存在于地球上争论不休。氨基酸曾在彗星中被发现过，但一些研究者怀疑它们只是太阳系创生的残余物，离此便不存在。

这个争论并不是虚无空谈。如果氨基酸只能存在于地球上，那么正如我们当前所知，生命只存在于地球上。但如果也存在于星系际间质中，那么至少在宇宙几乎任何地方都有类地生物存在的可能。

2002年3月，来自寻找地外智慧所（Search for Extraterrestrial Intelligence，SETI）和美国国家航空航天局一组研究者的报告，使星系际间质中氨基酸的搜寻工作取得重大突破。这些研究者试图在实验室中重现星系际间质的条件。他们将星系际间质中已知的一些分子的混合物封入容器中，在10^{-8}托（1托等于1 mm汞柱）下冷却到15 K，这些条件与星系际间质相近。这些混合物之后暴露在同样与星系际间质中类似的紫外线下。通过分析容器中的组成，研究者们发现3种简单的氨基酸（甘氨酸、赖氨酸和色氨酸）产生了。按这个研究小组的一位发言人的话讲，他们的结论是“氨基酸可以在星系际云中制造表明地球可能经历了早期太空中氨基酸的播种”。进一步，这位发言人还解释说，“既然新的恒星和行星是在同一团产生新氨基酸的星云中诞生的，那么生命也在别处进化的可能性就增加了。”

星系际间质中尘埃的浓度远小于气体浓度，约10^{13}立方厘米中才有一个尘埃粒子，而1立方厘米中就有一个气体分子或离子。相比于对气体的了解，我们对颗粒的来源和组成知之甚少。多数科学家相信尘埃颗粒形状不规则，就像极小（直径小于1微米）的碎石砾。这些颗粒呈现出两种类型：碳化物（主要由碳元素组成）和金属硅化物（由金属键合硅氧基形成，如硅酸铁[Fe_2SiO_4][1]）。大多数情况下，颗粒表面好像都覆有一层由凝结的水、二氧化碳、一氧化碳，可能还有甲烷组成的冰。

碳化物颗粒又可分为两种：石墨和PAH簇。PAH是多环芳烃化合物这类有机化合物的缩写，它们是由两个到多个苯环以各种方式组合而成的。图2-2列出了一些典型PAH分子的结构。

石墨颗粒几乎全是由碳原子组成的，它们可能以各种复杂方式键合在一起。PAH簇已被理论预言了一段时间了，有关它们在星系

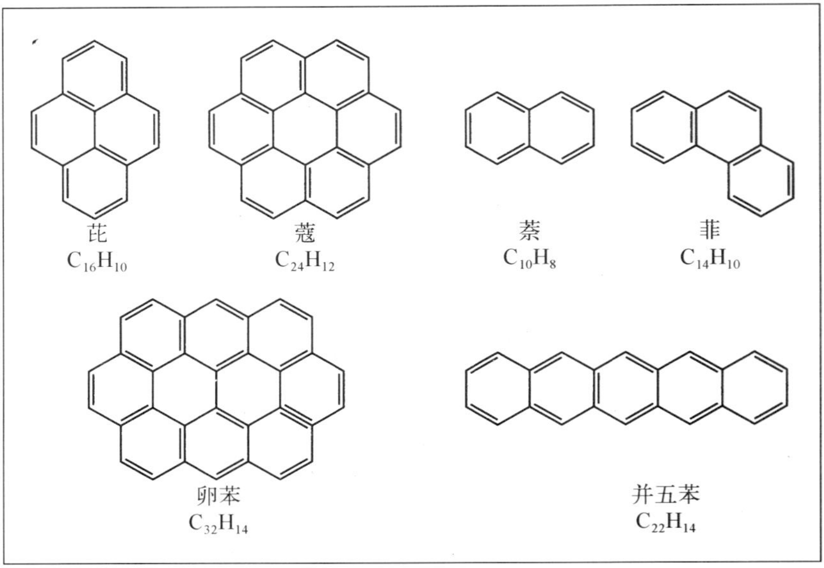

图2-2 太空中发现的多环芳烃示例

际间质中大量存在的证据在不断积累。不管怎样，没有任何一个特定分子被明确指认存在于星系际间质中。不管以何种形式，尘埃颗粒现在被看做是恒星爆炸的残余物，在此过程中，恒星将部分或是全部物质射入星系际间质。

我们对于星系际间质中尘埃的许多了解都是基于它的光效应。设想一颗星星发出的光，穿过包含一定数目尘埃的星系际间质区域。如果尘埃的浓度足够大，它将完全阻止光的透过。那么，观察者就不会看到星星，而只会看到天空中的一个暗点。这个效应叫做“星系际熄灭”（interstellar extinction）。在没有月亮的夜晚望向银河，可很容易观察到这个现象。天空中最主要的一个特征区域就是半人马星云（Horsehead Nebula），它是一片尘埃浓厚、足以挡回所有后面和侧面射来的光的广漠区域。

在尘埃相对稀疏的区域，它后面和侧面射来的光只被部分挡回。在这种情况下，数百万颗星星组成的明亮光带强度会或多或少地被这些中间尘埃颗粒削弱（变暗）。这个光带的颜色也会比原始光偏红一些。

尘埃颗粒也会反射通过的光。是否发生反射取决于两个因素，遇到颗粒的光的波长和颗粒的大小。例如，如果所述光的波长远远大于颗粒的直径，它将不与颗粒发生作用，直接绕过去。但大多数尘埃颗粒的平均大小与可见光波长（100~1 000 nm）粗略相等。具体地说，尘埃颗粒的直径与蓝光波长（475 nm）很接近，而与红光波长（650 nm）没有那么接近。这就意味着遇尘的蓝光比红光散射得更明显。

由于这个原因，浓度不足以引起熄灭的尘埃颗粒会导致“反射星云”的产生，在地球上将观测到略带蓝光的空间区域。

依赖于光源（如一个恒星和一组恒星）的入射方向和尘埃颗粒区域的存在，不同波长光散射的差异还有另外一个效应：由于蓝光被尘云反射掉了，通过它的光比其他光源偏红一些。

在这种形式的星系际熄灭中，星光实际上并没有完全损失，而由地面设备观测到它是偏红的。这个效应叫做“星系际红移”。

星　云

组成星系际间质的气体和尘埃并不在宇宙内均匀分布。相反，它们聚集在由浓度或大或小的分子或颗粒组成的“信封”或“气泡”中。上面描述的反射星云便是这种簇团的一个例子。

3种最有趣的“信封”是HⅠ云团、HⅡ云团和巨分子云团（GMCs）。这3种区域的不同之处在于它们所包含的分子、它们的温度和密度的不同。

罗伯特·朱力斯·楚姆普勒（1886—1956）

20世纪30年代是天文学的一个令人兴奋的时期。新发现显示有关天穹组成和结构的许多看法都是不准确的。这期间最重要的发现之一就是星系际间质中尘埃的存在。在20年代晚期，罗伯特·朱力斯·楚姆普勒（Robert Julius

Trumpler）研究了星系内恒星簇的距离、尺寸和分布。他的研究结果表明，这些天体之间的距离无一例外地比表面上看起来要近得多。他的解释是，恒星和星系之间的确存在着某些种类的物质，即现在所说的尘埃，与从宇宙遥远地方发出的光线相作用。尘埃的存在使得恒星和星系看起来比实际上要远得多，引入了研究宇宙的一个新的因素，打开了研究星际系间质的新视野。

楚姆普勒于1886年10月2日出生于瑞士苏黎世（Zurich, Switzerland），在拥有10个孩子的大家庭中排行第三。楚姆普勒的父亲是一个成功的商人，非常希望为他的儿子们安排商业作为职业。他试图劝说楚姆普勒放弃对于天文学的兴趣，因为他认为那并不能为他的将来带来足够多的收入。因此，在从当地高中毕业后，楚姆普勒成为一个银行职员。但是很快他就发现自己并不喜欢这种工作，楚姆普勒1906年进入苏黎世大学主修天文。两年后，他转入哥廷根大学（University of Göttingen），1910年获得博士学位。在为瑞士大地测量委员会（Swiss Geodetic Commission）短暂工作之后，他得到了匹兹堡大学（University of Pittsburgh）阿勒非尼天文台（Allegheny Observatory）的职位。由于第一次世界大战的爆发，他没能立即接受这个职位，而是加入了瑞士军队。1915年的春天，他设法退役，开始了在阿勒非尼的工作。

在匹兹堡度过3年之后，楚姆普勒转入附属于加州大学的里克（Lick）天文台。他在里克最重要的工作之一是1922年秋天对爱因斯坦相对论的测试。楚姆普勒探测到了太阳边缘的光偏转，为爱因斯坦的理论提供了第一个实验证据。

1938年，楚姆普勒离开里克天文台，到加州大学伯克利（Berkeley）分校的天文部担任教学和研究工作，直至1951年退休。在遭受了多年的病痛折磨之后，于1956年9月10日在伯克利逝世。

HⅡ云团是中心包含高温年轻恒星的小型球状区域。它们的温度据估计有10^4~10^6 K。云团核心恒星发出的紫外辐射能量足够使它们周围的氢气电离。如图2-3所示，电子从氢原子的基态（最低能级）跃迁到较高能级，形成氢离子。很快（短于1秒内），许多这样的电子又回到基态，发出辐射。

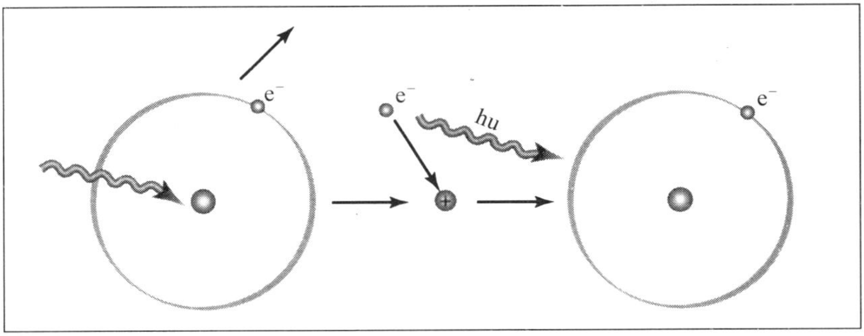

图2-3　受激原子的光发射

这样发出的辐射包括一系列谱线，最强的谱线之一是巴尔默α线（Balmer alpha line，λ=656.3 nm），在可见光红色区。这些红色谱线的发射便是HⅡ云团呈现明丽红色的原因，因而这类云团叫做“发射星云”。在图2-4中，著名的半人马星云是可视的，因为它包含的尘埃阻挡了星云明亮的背景辐射（因而凸现出星云的轮廓）。

图2-4　明亮的发射星云IC 434提供了半人马星云的寒尘展现的壮丽背景。（欧洲南方天文台/图片研究者有限公司）

天文学家根据H Ⅱ带的大小和氢原子的离子化程度将它们划分成6类。这些H Ⅰ带从“超致密”（ultracompact）变化到“超巨”（supergiant），前者直径不大于1光年，后者直径绵延一千多光年。尽管它们是夜空最绚烂的景致，但H Ⅱ实际包含相对少量的物质，很可能不大于宇宙全部质量的1%。

H Ⅰ云团和巨分子云团（GMCs）比H Ⅱ凉很多，分别为100 K和10 K。H Ⅰ云团由氢原子组成，而GMCs自然几乎是由氢分子组成的。所有H Ⅰ带的总质量是很大的，可能占到星系际间质总质量的一半。GMCs是体积较小、非常致密的区带，但分子浓度很高。它们是恒星最有可能发生的地方。

H Ⅰ云团和GMCs中氢和其他元素的检测长久以来都是对研究者的挑战。这两种云团是这么冷，氢原子（和其他原子）都不会电离。如果不电离，任何波长的辐射都很少或者根本不会产生。这些星云好像没有留下“足迹”供天文学家追寻。

不管怎样，在1951年科学家们发现情况不是那样的。他们发现中性氢原子其实也发出一种可分辨的21 cm谱线辐射。这种谱线产生的途径是：组成氢原子的质子和电子都在围着各自的轴旋转，像一对旋转的瓶盖，或者顺时针转，或者逆时针转。两个粒子自旋方向相同的氢原子具有相同的能量，称为E。如果它们自旋方向相反，这个原子能量就低一些，称作$E-e$。氢原子中的电子自然地倾向于遵循一个规律而可预测的进程从与质子同向旋转的状态内转（introconvert，向前或向后转换）为异向旋转状态，大概1 100万年一次，释放出那点略高的能量e，波长21 cm。这条21 cm谱线可被地球上的天文学家检测到，由此使他们能够确定某个H Ⅰ星云的存在

（1 100万年似乎是太长的一段时间，需要耐心等待，但请注意，由于HⅠ云团中包含巨量氢原子，总有一些在内转，因此，在任一时刻，都有足够多的氢原子在发射21 cm的辐射使星云可以被检测到）。

GMCs的检测对天文学家来说几乎是完全不同的另一个问题。这些星云的组成与ISM相似，约有75%的氢、25%的氦和相对更少量的其他元素，但在GMCs中（正如这个名称所指）元素更倾向于以分子而非原子态存在。所以，21 cm谱线不是由巨分子云团发射的，不能用来检测GMCs。事实上，氢分子和氦分子基本不产生任何可以使GMCs被检测的辐射。天文学家采用了另一个分子——二氧化碳以找寻GMCs。二氧化碳的确由于转动运动而发出电磁波谱中毫米量级的辐射。天文学家能够检测到这种辐射，因而用此定位GMCs。

ISM中还有另外两种可被指认的结构。其一为“冕”（coronal gas），包含从恒星、新星、超新星和宇宙中其他爆炸性物体中喷射出的物质。冕的温度很高，约有10^6 K，由恒星或新星中包含或产生的元素的复杂混合物构成。尽管冕的密度很低，它的体积却很大，是星系际间质中所有单一类型结构中最大的。

最后要说的是，没有被冕、HⅠ或HⅡ云团或巨分子云团占据的其他空间是由云间质填充的，主要包含中性氢原子。这个“填充物”空间占据了星系际间质的第二大体积。

星系际间质化学

半个世纪以前，有关星系际间质化学的讨论是很简略的，因为不论是对于星系际间质中原子和分子自身的性质还是它们之间所发生的反应，科学家们都几乎一无所知。从那以后，研究者们了解得越来越多。这个问题很大一部分有赖于对大爆炸之后最初几分钟内化学反应的理解。正如第一章所提及的，绝大多数的氢和氦（两种占现今宇宙中所有原子总数量99%以上的元素）是在那时形成的。天文化学家怀疑现在仍有一些形式的氢和氦正在被合成，有些研究是试图为这些进程寻找解释而展开的。

例如，有一个研究者们聚焦的问题是，大爆炸产生的氢原子是如何形成现今宇宙中的氢分子的。一种尝试性的解答是，氢原子就是以可以想象的最简单的方式形成的，即两个氢原子碰撞产生：

$$H+H \longrightarrow H_2$$

不管怎样，化学家们意识到，这种反应在ISM呈现的环境中非常难以发生。星系际间质中的气体浓度是如此低，两个氢原子遇到彼此的机会很小。可以计算出这样的事件每10^6 K秒（两个星期）才有可能发生一次。

虽然由地球标准看，这种事件的时间尺度和距离尺度都很宏大，但从天文标准看，实在很微不足道。另一个有关氢分子形成的问题更加无法回避，在星系际间质环境下，上述反应的逆反应：

$$H_2 \longrightarrow H+H$$

至少和正反应同样容易发生。这种可能性意味着氢分子的离解速率与形成速率相当。如此一说，这些无所不在的分子究竟是如何形成的呢？答案或许与星系际尘埃有关。

早在20世纪60年代早期，康奈尔（Cornell）大学的爱德文·塞彼特（Edwin Salpeter）和他的研究生大卫·霍恩巴赫（David Hollenbach）写出了一系列论文，为星系际间质中尘埃表面氢分子的形成机制建立假说。他们提出，这个过程是以一个氢原子撞见一粒星尘并附着于其上开始的。原子和尘埃之间的吸引力弱到足以使原子轻易地在尘埃颗粒表面扩散。在某刻，这个迁移的原子可能会遭遇颗粒表面的第二个氢原子并与之结合形成氢分子。这个反应是放热的，这点热量为新形成的氢分子离开颗粒表面提供了能量。

双原子的氢分子真的可以如此形成吗？1999年，来自塞拉库斯大学的研究者们，首次尝试实验检验这一理论的正确性。他们按照塞彼特和霍恩巴赫的理论，在实验室重现了H_2形成的实验条件。塞拉库斯的研究者们确证了这一反应是可以发生的，并且可以将氢分子释放到周围大气中。尽管这个反应的速率没有快到足以解释现今星系际间质中的氢分子数量，但到目前为止，没有任何一个竞争理论可以同塞彼特-霍恩巴赫模型一样解释这个化学物种的产生。

有关氢分子化学起源的问题是很有趣，那么“星系际间质中发现的一些分子”表格中所示的其他原子、分子、离子和自由基又如何呢？这些物种产生的化学机制是什么呢？太空化学中的一个重要研究领域就是致力于解释诸如NH、AlF、C_3、C_4Si、$HC_{10}CN$的结构是怎么形成的。到2007年，天文化学研究者们已经考察了导致这些物质形成的四千多个反应。这些反应涉及包含2~13个原子的四百多个物种，主要来源于元素周期表的前两行元素。这之中的许多反应都以原子和氢分子的反应开始，因为这些物种是宇宙中最最常见的。

例如，考虑星系际间质中氢分子受到宇宙射线轰击的反应。在这个反应中，氢分子转化为氢分子离子：

$$H_2 + energy \longrightarrow H_2^+ + e^-$$

这里形成的H_2^+离子活性很高，当它遇到第二个H_2分子时，就会反应生成H_3^+离子：

$$H_2^+ + H_2 \longrightarrow H_3^+ + H$$

H_3^+离子的生成使这一系列的反应告一段落，因为H_3^+离子并不乐于与其他形式的氢反应。它倾向于在ISM中积累，于是数量可观。进一步，H_3^+离子却很易于与其他的中性原子和分子反应，为“星系际间质中发现的一些分子”表格中其他复杂物种的形成提供了一个机制。

例如，H_3^+离子可与氧原子反应形成OH^+，释放出氢分子，接着，它们可能又会彼此间进一步反应，如下：

$$H_3^+ + O \longrightarrow OH^+ + H_2$$

接着：

$$OH^+ + H_2 \longrightarrow H_2O^+ + H$$

这一对反应为星系际间质中OH^+和H_2O^+两个物种的形成建立了一种机制。

另一步中，带正电荷的水分子与另一个双原子氢反应生成水合氢离子：

$$H_2O^+ + H_2 \longrightarrow H_3O^+ + H$$

最后，此步形成的水合氢离子相对不稳定，与一个自由电子反应形成多种产物，如下反应式所示：

$$H_3O^+ + e^- \longrightarrow H_2O + H$$
$$\longrightarrow OH + H_2$$
$$\longrightarrow OH + 2H$$
$$\longrightarrow O + H + H_2$$

一个相似的系列反应中，$H_3{}^+$离子还可以与一个碳原子及其产物反应，如下所示：

$$H_3{}^+ + C \longrightarrow CH^+ + H_2$$
$$CH^+ + H_2 \longrightarrow CH_2{}^+ + H$$
$$CH_2{}^+ + H_2 \longrightarrow CH_3{}^+ + H$$

这个系列的反应可以解释“星系际间质中发现的一些分子”表格中一些其他物种的形成，如CH^+、$CH_3{}^+$和其他的一些烃类。

另一些可能的后续反应是以$CH_3{}^+$和一分子氢反应生成CH_5^+开始的：

$$CH_3{}^+ + H_2 \longrightarrow CH_5{}^+$$

像水合氢离子一样，CH_5^+可以与自由电子反应，如下所示：

$$CH_5{}^+ + e^- \longrightarrow CH_3 + H_2$$

或者，与星系际间质中丰富存在的CO反应生成甲烷：

$$CH_5{}^+ + CO \longrightarrow CH_4 + HCO^+$$

这个反应本身涉及CO的形成，此时HCO与一个自由电子发生反应：

$$HCO^+ + e^- \longrightarrow CO + H$$

上述这些假设的反应都有一个普遍的主题，就是它们经常是一个带正电的离子和一个中性分子之间的反应。从能量角度分析，这样的反应比两个中性分子之间的反应更加容易。另一系列的反应依赖于正碳离子（C），它实际与宇宙中碳原子本身同样丰富。这些反应的第一步是正碳离子与一个中性分子，如氢分子或甲烷反应：

$$C^{+}+H_2 \longrightarrow CH_2{}^{+}$$

$$C^{+}+CH_4 \longrightarrow C_2H_3{}^{+}+H$$

这种反应的结果自然是一个烃分子，或者说分子中碳链的长度增加了一个。当一个带正电荷的烃分子和一个中性烃分子反应时，也会产生类似的碳链增长，如下例：

$$C_2H_2{}^{+}+C_2H_2 \longrightarrow C_4H_3{}^{+}+H$$

对于两个中性分子反应产生一个更大分子的反应，也有所研究。例如，发现中性碳原子和烃分子以及烃分子之间的反应，可以产生星系际间质中存在的线形或环状的高级烃：

$$C+C_2H_2 \longrightarrow C_3H+H$$

$$C_2H_2+C_2H \longrightarrow C_4H_2+H$$

在含氮原子的分子中也观察到类似的反应，导致一些表中更复杂化合物的形成。例如，乙炔和CN自由基反应生成星系际间质中常见的炔腈：

$$CN+C_2H_2 \longrightarrow HCCCN+H$$

这里讨论的反应解释了星系际间质中发现的如此多的不寻常物种何以存在。低温和低密度意味着适宜地球上化学反应的条件在星系际间质中是很罕见的，因此必须为类似表中所示的化合物、离子和自由基的形成提供新的解释。在可见的未来里，对于这种解释的探寻很可能成为天文化学研究的一条主线。

研究星系际间质化学特性的工具

以上内容展示了天文化学家有关星系际间质组成的了解程度，但所有这些信息是如何获得的呢？显然，没有人真正到太空中收集一个星系际间质的样品，然后在实验室里对它进行传统的化学分析。相反，我们对于星系际间质（以及宇宙其余的许多部分）的大部分了解来自原子、分子、离子和自由基发出的辐射，这些辐射是可以被地球上的研究者检测和分析的。

亨德瑞克·克里斯朵夫·凡·德·霍斯特（1918—2000）

现代无线电天文学诞生于20世纪30年代早期，美国工程师卡尔·古斯·简斯基（Karl Guthe Jansky，1905—1945）观测到了似乎来自宇宙各个部分的无线电波。简斯基的发现为天文学家们提供了一种可用于空间探测的全新工具。无线电波能够穿过可见光难以透过的尘云。不久，一些先锋天文学家制成了能够收集无线电波而非可见光的望远镜。

伟大的荷兰天文学家简·欧奥特（Jan Oort，1900—1992）是首批高度评价简斯基发现重要意义的科学家之一。

20世纪40年代中期，欧奥特建议他的一位年轻同事亨德瑞克·克里斯朵夫·凡·德·霍斯特（Hendrik Christoffel Van De Hulst）尝试计算电磁波谱无线电波段可能存在的谱线。鉴于氢是星系际间质中最普遍的元素，凡·德·霍斯特从对氢的分析入手计算。1945年，凡·德·霍斯特宣布最后可能观测到的谱线是由冷氢原子发出的21 cm线。大约在5年之后，两个美国天文学家，哈罗德·伊伍宁·依文（Harold Irving Ewen，1922— ）和爱德华·米尔斯·普塞尔（Edward Mills Purcell，1912—1997）宣布利用一个他们自己设计的简单无线电望远镜检测到了21 cm谱线的存在。

亨德瑞克·克里斯朵夫·凡·德·霍斯特于1918年11月19日出生于荷兰乌得勒支（Utrecht）。父亲W. G. 凡·德·霍斯特是知名的儿童宗教读物的作家，母亲是珍尼特·麦恩（Jeanette Maan）。完成高中教育之后，凡·德·霍斯特进入了乌得勒支大学，主修理论天文学。1939年，第二次世界大战爆发中断了他的学业，他进入荷兰军队服役，两年后退役，但学校因战争关闭，他没能回到大学里。亨克（昵称）试图通过自学继续学业，并与当年给他布置谱线问题的欧奥特取得联系。1944年4月15日，荷兰天文俱乐部在雷登（Leiden）天文台举行的一次会议中，凡·德·霍斯特就他有关21 cm谱线存在可能性的研究结果发表了演讲。有趣的是，凡·德·霍斯特本人多少有些怀疑这条谱线是否能够被观测到，直到普塞尔和依文的工作予以证实。

在1946年从乌得勒支大学获得博士学位之后，凡·德·霍斯特在芝加哥大学的扬基（Yerkes）天文台做了两年的博士后。之后他回到荷兰，成为雷登大学的天文学教授。他在雷登完成了之后的学术生涯，直到1984年以荣誉教授的头衔退休。他还几次访问了美国，在哈佛大学、加州理工（California Institute of Technology）和纽约空间研究所（Institute for Space Studies）做研究。他还积极地参与欧洲空间研究组织（European Space Research Organization）及后来的欧洲宇航局（European Space Research Organization）的筹建和研究工作。凡·德·霍斯特于2000年7月31日逝世于雷登。

不像星星和天空中其他明亮物体发出的光，星系际间质中发出的辐射并不在电磁波谱的可见光波段。星系际间质里的温度太低，不允许这样的电子转移谱线产生。星系际间质中的粒子可以发生其他种类的转移，其发出的辐射在电磁波谱的其他波段，这些辐射可被在地球上进行收集和分析。

有两种分子发生的转移源自它们的振动和转动。例如，组成一氧化碳分子的两个原子可以前后振动，引起二者之间的化学键伸缩。当系统中加入一些外来能量时，它就会在电磁波谱的红外区释放能量。这些过程与原子中的电子吸收外界能量，跃至更高能级，又迂回原始基态释放能量的过程相似。振动变化所需的能量约在 10^2 K~10^4 K温度范围内。因此，这样的转变只能在星系际间质中较温暖的区域发生。

分子还围绕一个中心轴进行头脚颠倒的转动运动。同样，能量的输入将增加或减少分子的转动。这种转动运动，同原子中电子的转变相似，是量子化的。这就是说，它只能取特定的离散值。当一个分子从一种转动态变化到另一种能量更低的转动态，便会释放出一个光子，其波长在电磁波谱的无线电波段。

天文化学家通过检测由某种类型的分子运动产生的谱线，再将这些谱线与已知分子进行比较，来识别这些分子。在一些情况下，这种识别过程相对简单。例如，一氧化碳分子是一个简单分子，它的振动和转动方式有限，因而它产生的谱线很简单，只包含少数易识别谱线。图 2-5 显示的是一张理想化的一氧化碳分子转动谱线。

随着一个分子中原子数的增加，它所能采取的振动和转动方式也迅速增加。因此，由这样的分子产生的图谱比一氧化碳（以及其他双原子）产生的图谱复杂得多。图 2-6 显示的是一张假想的六原子分子图谱。显然，识别由这种分子产生的图谱比识别一氧化碳困难得多。

实际上，从星系际间质获得的图谱极其复杂，如图 2-7 所示。在这种情况下，给化学工作者的挑战在于特定图谱已知分子的对应谱线的定位和识别。对化学工作者来说，确定一张复杂图谱中的某些谱线所指并不陌生，但另一些的确定却很难。

科学家是怎样获得他们用以分析星系际间质组成的真实“原

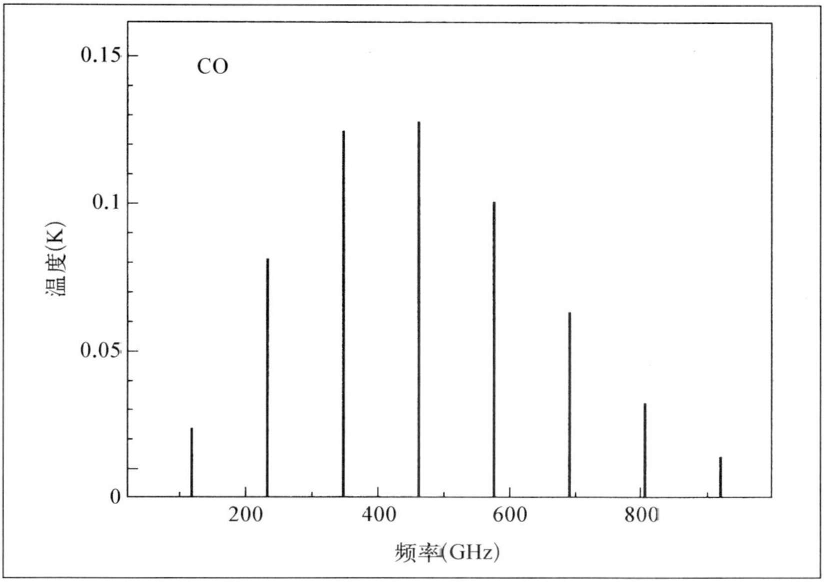

图 2-5　一氧化碳分子转动产生的谱线

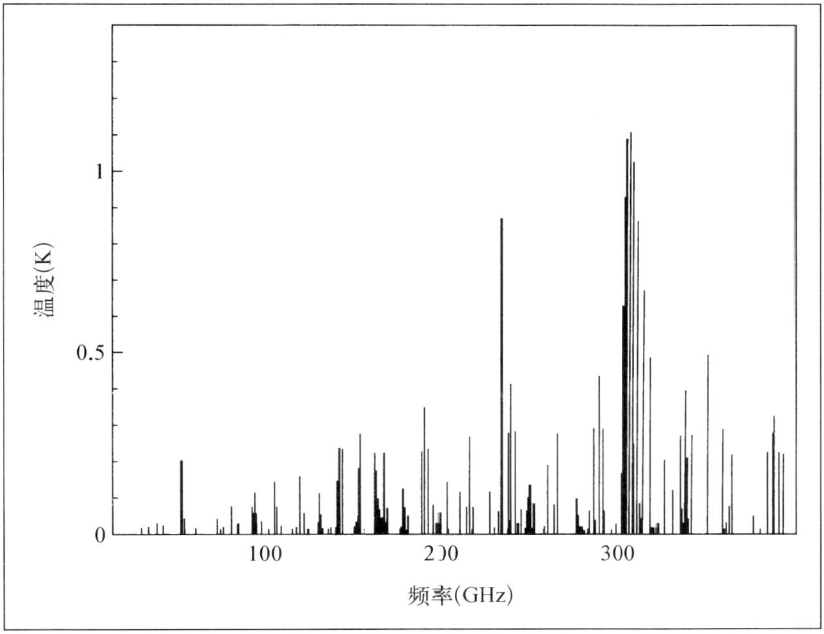

图 2-6　六原子分子转动产生的谱线

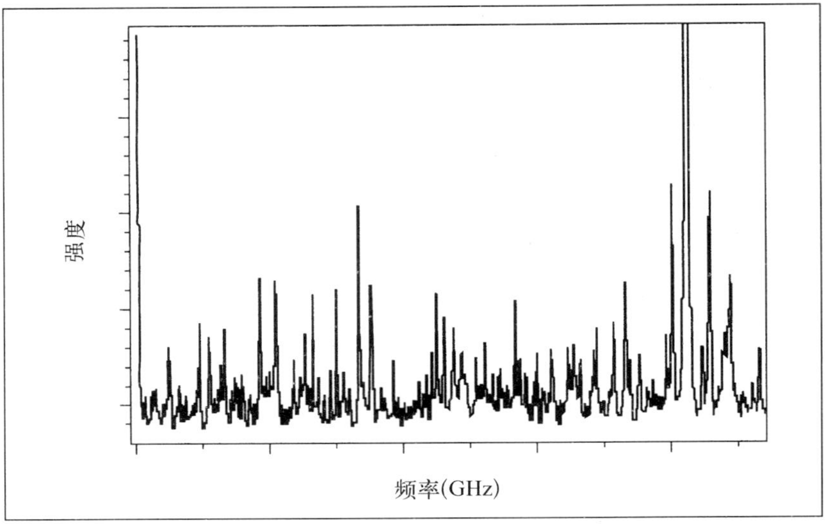

图 2-7　由分子混合物产生的转动谱线

材料”谱的呢？现在有一些可能的解释。首先，许多学院和大学现在都拥有小型的望远镜，可以用于观测研究天空的一部分。哈佛大学哈佛-史密孙天体物理中心（Harvard-Smithsonian Center for Astrophysics）的1.2米“迷你”望远镜便是一例。这个望远镜最早是在20世纪70年代安装在纽约城哥伦比亚大学普品物理实验室（Pupin Physics Laboratory at Columbia University in New York City）的屋顶上，用于观测星系际间质中的一氧化碳。1986年，它被移至现在的位置，继续用于相似的研究项目。

大学拥有和使用的更大型望远镜也被用来观测天空。这其中最著名的也许是组成“哲迷你系统”（Gemini System）的两个，一个（哲迷你北）位于夏威夷马那卡（Mauna Kea）山顶，另一个（哲迷你南）位于中部切尔（Chile）的塞若帕朝（Cerro Pachón）。哲迷你北和哲迷你南分别于2000年6月和2001年7月投入使用，都能够搜寻天空中星系际间质中分子辐射的信号。

另外，卫星轨道上望远镜也成为研究星系际间质的有力工具。这样的望远镜轨道远离地球大气，能够探测到被大气吸收的那些“不可见”信号。其中一种这样的卫星“苦役”（workhorse）是美国国家航空航天局1998年2月发射的“亚毫米波天文卫星”（SWAS）。它的主要目的是调查星系际间质某些区域的水、氢分子、碳和一氧化碳。最近另一个投入使用的工具是2003年上半年美国国家航空航天局发射的“宇宙热星系际谱仪”卫星（CHIPS）。在一年的预定航程中，CHIPS调查了一个叫做“本地气泡”（Local Bubble）的空间区域，为解释在恒星形成过程中星系际间质中的分子开始互相碰撞的阶段寻找证据。

另一种研究星系际间质的方式是在地球表面进行的实验。在这样的实验中，研究者试图模拟星系际间质不同区域的条件以确定那些假想的化学反应是否真的会发生。前述由SETI和美国国家航空航天局的研究者共同完成的蛋白质实验就是其中一例。在这种实验中研究者们的普遍做法是在一个密闭容器中封入一些基本物质（如氢气、氧气和一氧化碳），取星系际间质中常见的低温低压，再将此暴露在星系际间质某些特定区域中可能存在的辐射类型（如紫外辐射或类宇宙射线辐射）下。这些实验中产生的物质可与星系际间质观测到的真正存在的物质进行比较。

最后，计算模型成为进行与实际情况相似的“思想实验”的有力工具。在这样的模型实验中，星系际间质中分子的基本性质以及所处的物理情况都被输入计算机程序中，通过分析这些数据来预测可能或不太可能发生的反应类型。

有关星系际间质的研究从20世纪中期因其重要性显著提升。科学家们意识到，星星之间广漠的空间并不真是空无所有，而是包含气体、尘埃以及许多能量形式，不寻常的美妙化学反应发生其中。这些反应产生了一百多种不同的化学物种，有些与地球上的化合物、原子、离子和自由基无异，另一些则完全不同。如下章将要讨论的，星系际间质是如此关键，因为它是恒星诞生的温床和容纳其爆炸和死亡时所释放原子和化合物的仓库。

三

重元素的形成

大爆炸理论为少量轻元素（氢、氦、锂，甚至铍）的原始形成方式提供了令人满意的解释。如果宇宙仅包含这些元素，也许我们的故事就可以在这里结束了。但毫无疑问这种想法是荒谬的。地球包含了另外九十多种元素，如硅、氧、碳、铁、氮、镁、硫、镍、磷、钠和氯，元素如碳、氮和硫存在于星际的介质中。“宇宙中重元素形成的机制是什么”这一基本问题已困扰了天文化学家数十年。此处的重元素指原子序数大于4的元素。

大爆炸理论未能为上述问题的回答开辟前景光明的道路。大爆炸的基本作用是在宇宙中向外散播物质。在这一过程中，质子、中子、氢离子、原子、氦离子以及形成宇宙中早期生命的原子等在强大力量的推动下彼此分离。如今仍有大于99%的宇宙物质向外漂流，这和扩散似乎是永恒的。在这种情况下，这些基本粒子怎么可能聚集形成更加复杂的重元素呢?

恒星的进化

恒星的诞生基于宇宙的两个基本特性。第一点,自宇宙诞生起,其各个部分就不完全相同。随着对宇宙间微波背景各向异性的确证,人们发现宇宙不同部分物质的组成有着微小的差别。在宇宙的一些区域,物质的密度要大于其他一些区域。第二,在万有引力的作用下,宇宙中任意两个粒子相互吸引。

由上,存在两种相反的力作用于粒子:大爆炸的初始能量所提供的扩散力和万有引力的吸引力。虽然开始时扩散力远远大于万有引力,但随着时间的推移,大爆炸所投射出的粒子扩散速度开始下降,扩散力与吸引力渐渐平衡。最终,在宇宙的一些区域中,扩散力降到了可以使万有引力起有效作用的程度。此时,粒子开始汇聚、结合,形成更大的粒子。由此开始了恒星的形成历程。

恒星的进化是一个复杂的过程。随着宇宙平均温度的降低,至少在一些区域中,万有引力的吸引作用大于扩散所引起的向外运动的力量。此时,氢分子的存在成为可能,它们之间相互吸引,以逐渐加快的速度彼此靠拢。在此过程中重力势能的释放使得氢气的温度升高。最终,氢云(hydrogen cloud)温度的上升引发聚变。聚变是指两个核子反应生成一个更大的核子的原子能反应。此时,一个新的恒星诞生。

这些聚变导致氢元素转化为氦元素。在此过程中,4个氢原子结合生成1个氦原子：4H→He。“燃烧”氢元素生成氦的过程所产生的巨大能量使一些物质从新星上逃离。在此恒星中万有引力和扩散力会保持长时间的平衡，这一时间可能是数千年或数百万年。有时聚变所释放的能量是如此巨大以至于超越了恒星内粒子间的万有引力作用。在这种情况下，星体倾向于在短时间内释放大量物质，即恒星解体，同时将自身组成物质释放，使其重新回到星际介质中。此时，被释放的物质中不仅包括恒星的初始组成元素——氢，而且包含在恒星中形成的氦及其他元素。

在如今的宇宙中，大部分恒星都处于上述生命阶段。在每一个这样的进化过程中，恒星能够将其现有的物质转化成能量及新的元素。

为恒星分类

恒星有且仅有两个基本的可观察特性：明亮度及颜色。比起“明亮度”一词，天文学家更喜欢用“亮度”这一术语，更精确的术语是“绝对亮度”。绝对亮度的定义是：恒星距离太阳10秒差距时的光亮。1秒差距是天文学中的度量单位，等于3.26光年。

数世纪以来，天文学家一直试图找到估计恒星的亮度的方法。第一个将这些恒星按亮度排名的人是希腊自然哲学家伊巴谷（Hipparchus，约公元前190—公元前120）。伊巴谷发明了将恒星按亮度归为一级（最亮星）到六级（最暗星）6个等级的度量系统。第一等级的恒星被称为“一级亮星”，第二等级的恒星被称为“二级亮星”，以此类推。伊巴谷仅仅通过自己的目力判断来决定恒星的等级。到19世纪，科学家已发明了度量恒星亮度的方法，并且能够通过精确的测量将恒星归为六级中的某一级。

安尼·扎姆·加农（1863—1941）

科学工作可被分为两个基本范畴：搜集并校准数据，得出结论并在数据基础上建立理论。对于任何活动上述二者都是缺一不可。安尼·扎姆·加农（Annie Jump Cannon）是天文学历史上杰出数据收集家及校对者之一。她31岁开始步入天文学界。

加农1863年12月11日出生于多佛的德尔瓦尔（Delaware Dover）。父亲威尔森·加农（Wilson Cannon）是一位生意兴隆的造船者，同时担任州议员。母亲玛丽·加姆（Marry Jump）是他父亲的第二任妻子。加农接受教育的起航并不轻松，而是伴随着严重的缺陷：她的听觉很差。尽管如此，她仍于1880年进入威尔斯力（Wellsley）大学，4年后获得了物理学位。比起物理学科，她对天文学更感兴趣，但那时并没有天文学领域的学位。

毕业后，加农回到了家乡多佛。但在多佛的生活并不尽如人意：她有时会表达不高兴及不满的情绪。1894年母亲过世后，她在威尔斯力大学物理系担任讲师，同时以“特殊学生”的身份进入莱德克里夫（Radcliffe）大学学习天文学。两年后，她开始在哈佛大学天文台工作直至逝世。她在哈佛大学最早的工作之一便是重新开始迪拉帕的工作。1882年迪拉帕去世，自此他的工作在很大程度上停滞不前。加农显然是继续完成这项工作的绝佳人选。据说她能以惊人的速度处理有关恒星的数据。1911—1915年，她的平均工作速度是每月为5 000颗恒星分级。最快时，她可以做到每分钟研究并为3颗恒星分级。加农总计将22.53万颗恒星分级，并编著了9册《亨利·迪拉帕手册》。

和同一时代的其他妇女一样，加农发现从事科学工作的女性获得提升的机会远不如男性：直到1938年加农才结束了试用期，被哈佛大学聘为威廉姆·C. 伯依德（William C. Boyd）天文学教授。她在这所大学工作和生活长达42年之久，创造了很多“第一”的纪录：她是第一位被选为美国天文学会主任的女性，是第一位获得牛津大学荣誉博士学位（1925）的女性；也是第一位获得国家科学院（National Academy of Sciences）颁发的迪拉帕金质奖章的女性；还是第一位获得哥廷根（Grönigen）大学天文学博士学位（1921）的女性。

1940年，加农从哈佛大学退休。1941年4月13日，加农在剑桥逝世。

早期的天文学家也认为恒星的颜色并不相同。但直到1872年，美国天文学家亨利·迪拉帕（Henry Draper，1836—1882）才提出了以颜色为基础划分恒星的系统。由于颜色是恒星第二个主要特性——温度的指示，因此迪拉帕的分类方法具有重要意义。恒星的温度越高，它的温度越有可能在蓝色到白色的范围，相反，它的温度越低，恒星表现出橘红色或红色。遗憾的是，还没有完成恒星分类系统，迪拉帕就去世了。接下来的工作由美国天文学家安尼·扎姆·加农（1863—1941）在1918—1924年完成。

在迪拉帕最初的分级系统中，恒星按字母顺序A、B、C、D等分组。随着时间的推移，上述系统不断改善优化。如今只保留了7个颜色组，即光谱型（从最热到最冷）：O、B、A、F、G、K和M。恒星的多样性催生了更复杂的分类方案来描述它们。表3-1提供了其中7种光谱类型的基本信息。

表3-1　恒星的光谱型

类　型	颜　　色	表面近似温度（K）
O	蓝色	28 000~40 000
B	蓝色	11 000~28 000
A	蓝色到白色	7 500~11 000
F	白色	6 000~7 500
G	黄色	5 000~6 000
K	橘红色到红色	3 500~5 000
M	红色	低于3 500

当时天文学家仅能通过上述两种基本物理性质的研究来探索恒星。他们对两种性质可能的相互联系产生了兴趣。20世纪初期，丹

麦的天文学家依基那·赫兹普朗（Ejnar Hertzsprung，1873—1967）作出了最早并且迄今为止最著名的尝试。他将大量恒星的温度及光亮度的数据绘于坐标，如图3-1所示。

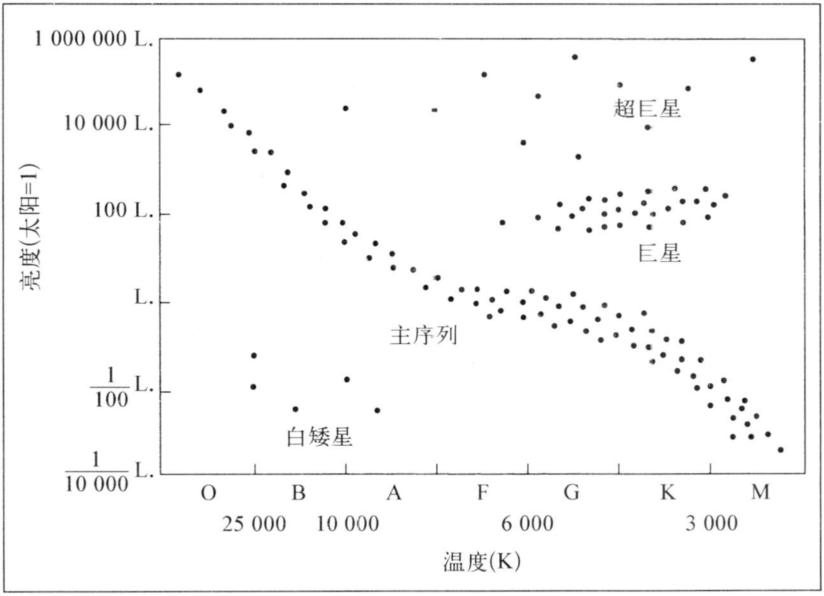

图3-1 太阳系附近恒星的H-R图

1907年，赫兹普朗将自己的研究成果发表在一个摄影期刊（Zertschrft für wissenschafliche Photographi）上，这是一个不太明智的决定。由于专业天文学家不大可能读这本杂志，在长达5年多的时间里，赫兹普朗的研究成果并没有得到重视。不久之后，美国天文学家亨利·诺瑞斯·罗素（Henry Norris Russell，1877—1957）发表了一篇几乎完全相同的关于恒星温度与光亮度间关系的分析论文。

为纪念两人为此作出的努力，上述图表被命名为赫兹普朗-罗素表或H-R表。

图3-2所示的是H-R的理想形式。它忽略了单个数据点（即个体恒星的数据），展现了这类曲线所能体现的主要类别总体趋势。图表的主要特征是包含了一条从左上方到右下方的较长的带。其中左上方的点所表示的是高温、高亮的恒星，而右下方则为低温、低亮的恒星。

由于这条带覆盖了已得到的大部分相关恒星的数据，它被称为主序。太阳近似位于带的中央。

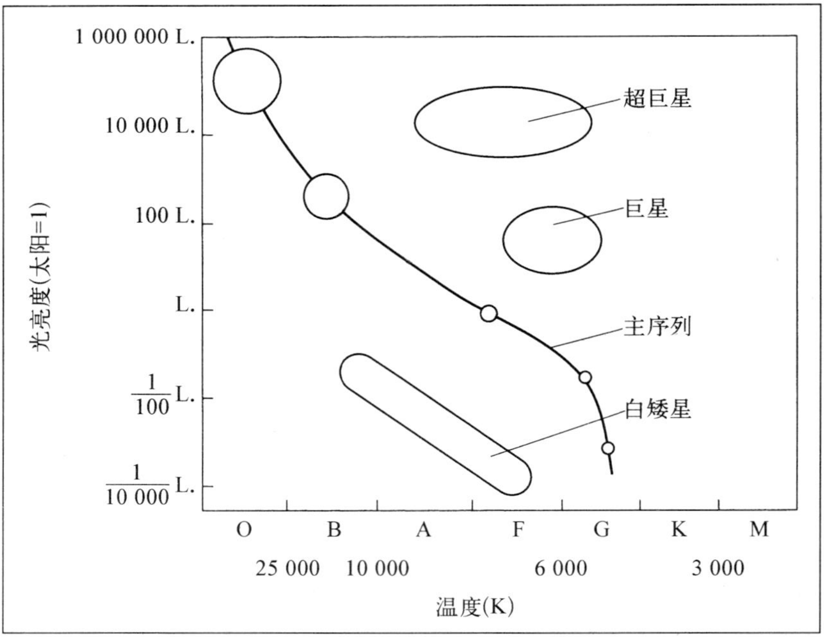

图3-2　H-R表的理想表示

其他在H－R图上可识别的恒星群包括超巨星、巨星及白矮星。所研究的恒星测量数据约有90%位于主序带上，9%被归类为白矮星，剩下的1%为巨星或超巨星。由其在图中的位置可知，在相同温度下巨星及超巨星比位于主序列上的恒星更亮（在由线下方）。因为它们有着与主序带上恒星相同的表面温度但却发出更多的光，所以它们的体积一定大于主序列上的恒星。巨星及超巨星的名字即由此而来。巨星的辐射强度是太阳的10~100倍，而亮度则为太阳的100~1 000倍。

超巨星的辐射强度是太阳的20~4 000倍，而亮度则为太阳的10万~100万倍。

在相同表面温度下，白矮星暗于主序带上的恒星，因此它们的体积一定小于这些恒星，尽管白矮星有着不同的体积，但它的辐射强度约为太阳的0.01倍，而亮度则为太阳的0.01~0.001倍。

H－R表仅是群星在某一时刻的快照。它展现了按下快门的一瞬间，恒星的亮度与温度的关系，却没有体现出在这些恒星的进化过程中，温度及亮度随着时间的推移变化的方式。例如，太阳并非刚诞生时就具有图中主序带中所示的温度及亮度。

与某一恒星当前在H－R表上的位置相对，图3-3表现出其亮度及温度随时间变化的趋势。恒星的进化曲线（即图中点组成的曲线，有时被称为林佳树轨迹）与典型的H－R曲线是相交的。如图所示，恒星的温度与亮度均会随着其年龄的增长而改变。这种变化经历了从巨星或超巨星到主序列上的恒星，然后再到巨星或超巨星的过程。

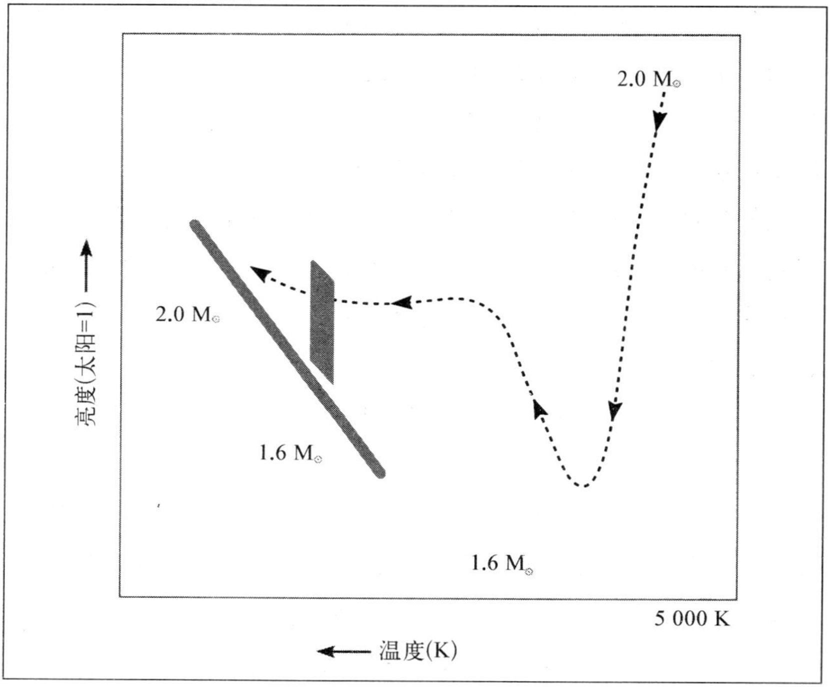

图 3-3　质量约为太阳 2 倍的恒星林佳树（Hayashi）的轨迹

恒星的诞生

恒星的形成起始于分子云团。从第二章中，我们知道分子云团是大量的氢元素气体，这些气体温度较低，在此温度下，氢元素可以分子（H_2）的形式存在。由于恒星大小的不同，其形成过程的细节多少会有些差别。但一般模式大致是相同的。以下将围绕恒星大小与太阳相近的恒星展开讨论。一般情况下形成上述恒星的分子云的质量是太阳的10万倍，半径约为50倍。

分子云的两个性质使其成为恒星形成的理想场所。第一，分子云内氢分子的密度相对较高。第二分子云的温度（约10~20 K）很低。这两个性质意味着组成分子云的氢分子更容易彼此吸引，而不是彼此分散，重新回到宇宙空间。

在一些情况下，分子云中分子间的万有引力很强，从而使分子云向内塌陷。在其他情况下，一些外在事件可引起或加速塌陷的过程。例如邻近恒星的爆发可引起强大的冲击波，从而促使分子云突然塌陷。两个分子云的碰撞也可引起坍缩。

分子云的坍塌通常并不是简单而直接的过程。有两种力量对抗着分子云坍塌为中心核的趋势。第一，当分子云开始收缩时，万有引力势能的释放会导致分子云温度升高。当分子云的温度上升时，分子动能也随之上升。最终一些氢分子获得了足够的能量使其从塌陷的分子云中逃离。

第二，分子云收缩的同时，它也开始旋转。在旋转的过程中，分子云中的一些气体被抛离中心，并在中心核外围形成了稀薄的物质盘。分子云收缩得越多，则旋转得越快，且向环绕的圆盘释放出更多的物质。圆盘中的粒子可能自发凝聚，形成小的天体（行星）环绕于新生恒星周围。

一个收缩的分子云密度并非处处相等。就像在星际介质中，一些区域的星云密度大于其他区域一样。因此当分子云塌陷时并非形成一个致密中心，而是形成多个高密度核心。数目在10~1 000之间的核心均可能与原分子云脱离，并且每一个核都可能进化成为一个新的恒星。

在形成核心的最初几个阶段中（表3-2所示的第一到第四阶段，即最初的几千年间），收缩相对缓慢，分子云的温度仍保持在低于100 K。收缩一旦启动，中心核心即通过捕捉周围气体及尘埃而逐渐变大。数万年或几十万年后，虽然表面温度可能仍低于数百K，但中心核的温度将达到1万K。此时，分子云的部分收缩导致了具有可识别表面的原恒星（亦被称为新星体）的诞生。表3-2总结了这一过程。

表3-2　类太阳恒星形成阶段

阶段	对象	年龄[1]	温　度		核心密度	半 径
			核心	表面	（粒子/M^3）	KM
1	星　云	0	10	10	10^9	10^{14}
2	星云片段	2×10^6	100	10	10^{12}	10^{12}
3	星云片段	3×10^4	10^4	100	10^{18}	10^{10}
4	原恒星	10^5	10^6	3×10^3	10^{24}	10^8
5	原恒星	10^6	5×10^6	4×10^3	10^{28}	10^7
6	恒　星	10^6	10^7	4.5×10^3	10^{31}	2×10^6
7	恒　星	3×10^7	1.5×10^7	6×10^3	10^{32}	1.5×10^6

1：从事件发生起，单位为年。

此后原恒星经历了开尔文-亥姆霍兹收缩阶段，在此期间它第一次经过H-R曲线。此时中心核的温度约为100万K，而表面温度为3 000 K。它的光亮度约为太阳的1 000倍。如太阳系附近恒星的H-R表所示，进化星球一生所经历的过程被称为进化轨迹。进化曲线记录了恒星一生中光亮度及温度的连续变化。这些变化可以为研究其内部变化提供线索。

开尔文-亥姆霍兹收缩阶段以英国物理学家开尔文亲王（Lord Kelvin，1824—1907）及德国物理学家赫尔曼·冯·亥姆霍兹（Hermann von Helmholts，1821—1894）的名字命名。为了解释恒星产生能量的机制，开尔文和亥姆霍兹假设恒星外层的大量物质可引起收缩，并在此过程中释放万有引力势能。万有引力势能的释放将引起恒星整体温度的上升。在此过程中产生的多余能量会辐射到宇宙中，发出可见光。尽管开尔文-亥姆霍兹的解释可以对恒星产生能量的机制作出令人满意的描述，但是它并不能应用于原恒星形成后的短暂时间内。

伴随着核心温度的上升，恒星持续收缩。这是恒星生命的第五个阶段开始。此时它的表面温度维持在相对稳定的状态，但亮度则由于释放能量的表面积的持续下降而显著降低。在生命的这个阶段，恒星在H-R曲线上的位置沿着林佳树轨迹下降。值得注意的是，由于恒星质量的不同，林佳树轨迹的方向有着显著的差别（图3-4）。恒星越大，光亮度的变化越小，因为在这种情况下，表面积的影响程度减小。

随着恒星渐近主序列，它步入了生命中最富有戏剧性的阶段，即T-陶瑞（T-Tauri）阶段。这一名字来自一颗特殊的恒星。它展现出了与这个阶段的星体进化相关的事件，并且是人类观察到的第一颗此类恒星。T-陶瑞系列恒星在猛烈的爆发中释放了很大比例的质量。

可能是恒星核心部位的原子核反应引发了与T-陶瑞阶段有关的惊人的事件。当核心温度达到10^7 K时，上述反应开始进行，通过这些反应，氢被转化（聚合）为氦。聚变释放出的大量能量在T-陶

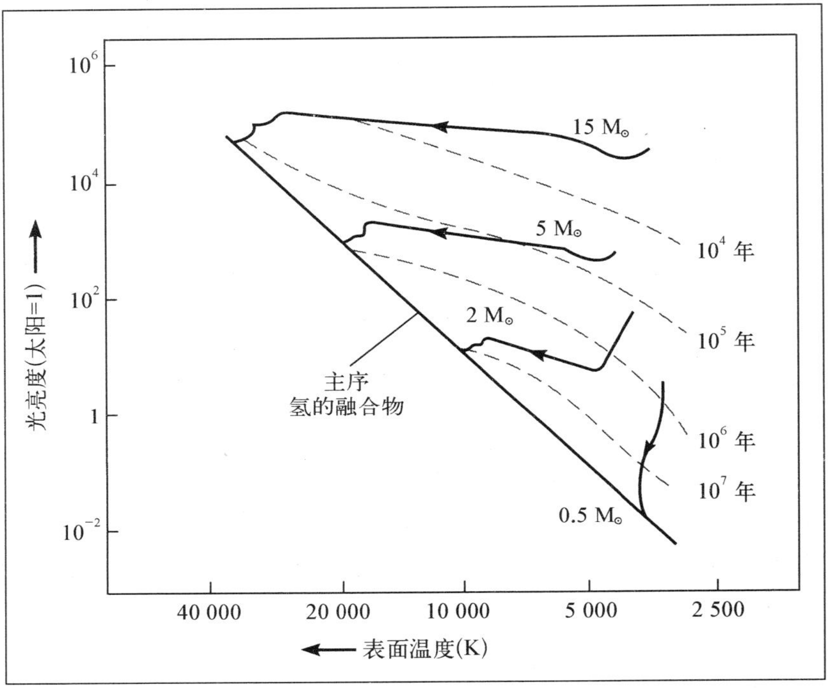

图 3-4　不同质量恒星的林佳树轨迹

瑞恒星表面以爆发、星风及耀斑的形式引发了剧烈的活动，同时恒星向周围环境释放出大量物质。一种典型的情况是恒星每年释放高达太阳质量的10^{-7}的物质，这个速度是太阳向周围释放物质的10^7倍。在T-陶瑞阶段，恒星可能失去高达自身原始质量的50%的物质。

最后，将在万有引力（将物质向核心吸引）与扩散力（将物质向外驱使）间形成平衡。此时恒星将到达主序列，并且稳定下来，在相对平衡的状态中度过余生的大部分时间。一个典型的恒星会在主序列上的同一点度过其90%（或更多）的生命。

上述模式适用于与太阳质量相近的恒星（图3-5）。质量更大或更小的恒星的进化模式与此并不相同。例如质量较大的恒星的进化会以与类太阳恒星近乎相同的模式开始，但在林佳树及T-陶瑞阶段所度过的时间相对较短，且经历的历程会略有不同。质量较大的恒星会更迅速地穿越H-R图，在100万年或更短的时间内到达主序列。而对于质量较小的恒星则需要高达10亿年的时间才能到达主序列。

一些原恒星太小以至于无法完成进化的过程。临界点大约是太

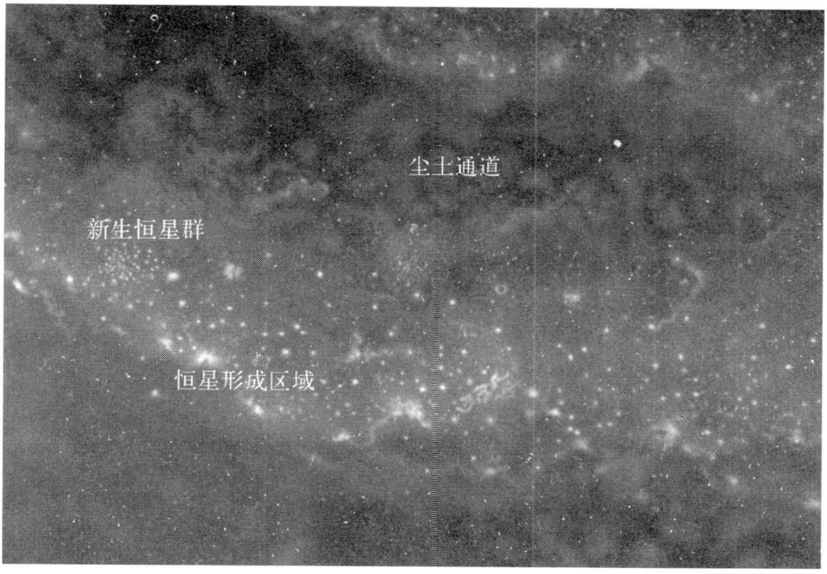

人们认为，图中所示的星系中的螺旋形线条是形成恒星的含有大量气体和灰尘的区域。（乔恩·罗姆伯格/图片研究者有限公司）

图3-5　恒星的形成

阳质量的0.08倍。小于临界质量的原恒星在核心处积聚的能量有限，不足以引起核反应。它们仍会持续收缩并释放能量，释放的射线大部分都位于红外区，但并不会以位于主序列上恒星的方式“发光”“闪耀”。这些恒星被称为棕矮星。以这样的状态生存约1 500万年后，它们将停止收缩。此后它们释放任何形式的能量，以冰冷的黑矮星的形态度过余生。

质量小于太阳的0.08倍即所谓的“失败恒星”，它们的质量介于大行星（如木星）与恒星之间。1963年，西拂·库马（Shiv Kumar，1939— ）首先假设了这些恒星的存在，随后弗吉尼亚大学的一名天文学家也作出了同样的假设。库马将这些星体称为“黑色恒星”。1975年天文物理学家吉尔·塔特（Jill Tarter）将其命名为“黑矮星”，这个名字沿用至今。棕矮星、黑矮星这两个名字的使用均会使人对其颜色产生一些错误印象，事实上它们都是红色的。

多年以来天文学家一直认为棕矮星十分稀有，因为直到1995年第一颗棕矮星才被真正观察到。但自此后，天文学家发现了大量的棕矮星。天文学家由此得出结论，认为棕矮星也许只是十分普通的天文对象，甚至与进化完全的恒星一样普遍。

氢向氦的转化

原恒星到达主序列前，其化学组成成分并不会发生变化。作为分子云的一部分开始生命时，它由氢云组成，同样，现在它几乎就是氢云的集合体。但当核心温度达到临界温度10^7 K时，情况将发生变化。氢核（即质子）开始聚变从而生成氦核。这一过程又被称为“氢的燃烧”。这个术语存在技术上的错误，因为在整个过程中并不存在燃烧。但由于描述核变化时这一术语具有简便性，它仍被广泛应用。

聚变过程包括三步，可概括为3个相对简单的方程。在下述方程中，氢用化学符号H表示。在此应注意，在极高的温度下，氢完全电离，仅以质子的形式存在。

第一步：${}^{1}_{1}H + {}^{1}_{1}H \longrightarrow {}^{2}_{1}H + e^{+} + \nu$

第二步：${}^{1}_{1}H + {}^{2}_{1}H \longrightarrow {}^{3}_{2}He + \gamma$

第三步：${}^{3}_{2}He + {}^{3}_{2}He \longrightarrow {}^{4}_{2}He + {}^{1}_{1}H + {}^{1}_{1}H + \gamma$

（上述方程内符号的含义详见表3-3）

表3-3　核反应方程中使用的符号

符号	名　称	电　荷	质 量（千克）
p	质子	+1	1.6726×10^{-27}
n	中子	0	1.6749×10^{-27}
d	氘核	+1	3.3436×10^{-27}
γ	中微子	0	0（大概）
γ	伽马射线	0	0
e^{+}	正电子	+1	9.1094×10^{-31}
e−	电子	−1	9.1094×10^{-31}
α	α粒子 氦核 核	+2	6.6456×10^{-27}

注意到将上述三个方程联立，消去两边都出现的物质后，可以得到净方程。还应注意只有当第一步及第二步发生两次后，最后一

步的反应才能够发生。即第三步反应的发生以两个氦-3核的产生为前提。因此，有必要使第二步（当然还有第一步）反应两次，以产生足够的氦-3核。综上，氢聚合为氦的净反应可作出如下计算：

$$2\times\text{反应}1+2\times\text{反应}2+\text{反应}3=\text{净反应}$$

或者

$$4{}_{1}^{1}H\longrightarrow{}_{2}^{4}He$$

上述方程看上去相对简单而直接，但此处的等式并没有表现出原方程中氢聚合为氦的全部细节。如何解释第一步反应中两个带正电荷的粒子即质子相互接近并结合成为一个粒子—氘核这一现象成了最为复杂的问题之一。根据经典物理学定理，两个粒子相互接近到一定程度时，相互之间会产生巨大的排斥力。在排斥力的作用下，粒子不可能接近到可以发生聚合反应的距离。

随着科学家全面、深入理解量子力学及用来解释原子量级粒子行为的数学工具，问题自然而然得到解决。根据量子力学，两个质子可能突破正常情况下彼此的静电力，从而发生聚合反应。但发生这种反应的概率很小。平均而言，一对质子每100亿年发生一次上述反应。但由于原恒星或恒星的核内有大量的质子，反应仍是有效的。反应的第一步一旦发生，接下来的两步反应将会以相对较快的速度进行：第二步反应约在6秒之内，而第三步则在100万年之内。

第二个问题则与第一步形成的氘核的结构有关。注意到氘核是由一个质子与一个中子组成的，那么形成氘核的中子从哪里来？

以下核反应方程可以回答上述问题：

$${}_{1}^{1}H\longrightarrow{}_{0}^{1}n+e^{+}$$

上述方程的唯一问题是：这个过程不能（基本可以确定不可能）发生。因此存在其他的可能性。两个质子一旦聚合（第一步反应），形成的粒子可以发生衰变。该粒子一旦衰变则会释放一个正电子，即剩下了一个质子和一个刚生成的中子，于是氘核形成。

质子-质子周期解释了恒星核心处氢向氦转化的过程。它同样可以解释在这个进程中释放出的大量能量。再看一下质子-质子循环中的净反应：

$$4\,{}_1^1H \longrightarrow {}_2^4He$$

根据上表给出的信息，比较反应开始（4个质子）及反应结束（1个氦核）时粒子质量。

$$\begin{aligned} 4\text{个质子} &= 4\times 1.672\,6^{-27}\text{千克} = 6.690\,4\times 10^{-27}\text{千克} \\ -1\text{个氦核} &= 6.645\,6\times 10^{-27} \\ \hline \text{差别（质量损失）} &= 0.044\,8\times 10^{-27}\text{千克} \end{aligned}$$

4个质子减1个氦核的质量差$0.044\,8\times 10^{-27}$被称为质量亏损。那么，这部分质量到了哪里？

每一个学化学的学生都知道，物质不可能消失，但却可以转化为其他形式。最为著名的科学表达之一$E=mc^2$可以计算一定质量转化为能量的数量。此处，m表示在核变化中“消失”的质量，c为光速，E为反应中损失的质量所对应的能量。使用这个等式计算恒星（如太阳）损失一定质量（每秒4.4×10^9千克）而放出的能量时，结果（每秒3.9焦耳）与实际观察十分吻合。

在恒星核心处，质子-质子循环并不是氢转化为氦的唯一机制。在大于太阳的恒星中，第二种循环——CNO循环也会发生。图3-6显

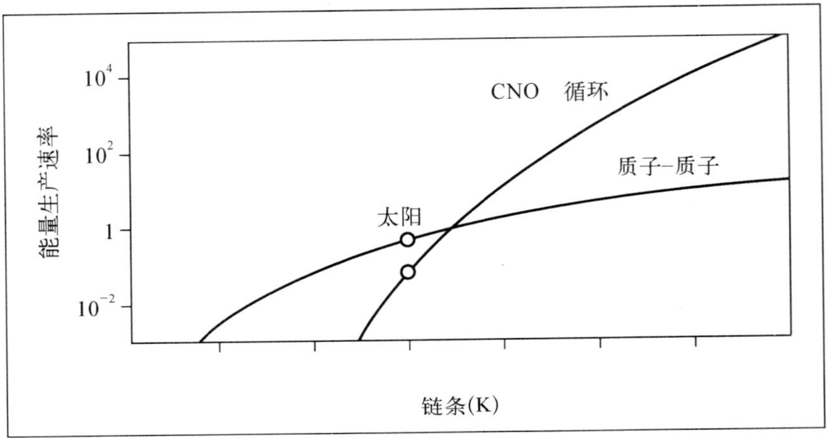

图 3-6　能量产生过程中CNO及质子循环的相对重要性

示了在不同温度下每种循环运转的相对程度。注意到温度较低的恒星几乎只进行质子-质子循环，而恒星温度越高，CNO循环越重要。

术语CNO来自循环中由氢向氦的转换过程中起作用的3种元素：碳（C）、氮（N）和氧（O）。这个循环比质子-质子循环更加复杂，包括以下6个步骤：

第一步：$^{12}_{6}\mathrm{C}+{}^{1}_{1}\mathrm{H}\longrightarrow{}^{13}_{6}\mathrm{N}+\gamma$

第二步：$^{12}_{7}\mathrm{N}\longrightarrow{}^{13}_{6}\mathrm{C}+e^{+}+\nu$

第三步：$^{13}_{6}\mathrm{C}+{}^{1}_{1}\mathrm{H}\longrightarrow{}^{14}_{7}\mathrm{N}+\gamma$

第四步：$^{14}_{7}\mathrm{N}+{}^{1}_{1}\mathrm{H}\longrightarrow{}^{15}_{8}\mathrm{O}+\gamma$

第五步：$^{15}_{8}\mathrm{O}\longrightarrow{}^{15}_{7}\mathrm{N}+e^{+}+\nu$

第六步：$^{15}_{7}\mathrm{N}+{}^{1}_{1}\mathrm{H}\longrightarrow{}^{12}_{6}\mathrm{C}+{}^{4}_{2}\mathrm{He}$

就像在质子-质子循环中一样，通过消去方程左右都出现的元素，我们可以得到一个净反应方程。与质子-质子循环相同，反应的结果是4个氢核（即质子）转化为1个氦核，释放出大量中微子，并以伽马射线的形式释放大量能量：

$$4\,{}_{1}^{1}\mathrm{H} \longrightarrow {}_{2}^{4}\mathrm{He}$$

再次循环中，必须有碳氮及氧的存在，但它们的量并不需要很大，因为在反应中它们都是催化剂，并不会被消耗。

氦的燃烧及其他

质子-质子循环及CNO循环的大段描述似乎并不能使我们对本章的基本问题即重元素的来源有足够深入的理解。至此我们只对恒星核心处氢核聚合为氦核的过程作出描述，事实上，在核心处发生的故事远非如此简单。这个故事最终会解释重元素的起源问题。

当恒星核心处的氢元素几乎全部耗尽即转化为氦元素时，故事将继续。接下来在恒星内发生的事情取决于恒星的质量。为了描述简单，以下的讨论仍围绕质量与太阳几乎相等的恒星展开。

由于没有氢的存在，聚合反应就此结束。这直接导致了核心处产生能量的迅速减少，进而导致核心处温度的降低。组成核心的氦元素开始向内收缩，同时释放万有引力势能。在大多数情况下，能量的释放会引起核心的扩张，就像气球内空气温度上升时，气球体积会增大一样。但这时，氦组成的核心已不是以气态存在，而是达到简并态，即氦正离子及电子均匀分布在核心。在这种状态下氦的表现更像固体。这使得能量可以由核心处传到恒星外表面。能量向外传输的结果之一便是从原恒星时期保留下来的一薄层氢气的再次燃烧。内部气体聚合反应所产生的热量传至恒星的外层，并消散在宇宙中。

由于氦组成的核心仍在缩小，引力势能的释放仍在继续，直到核心温度达到10^8 K，从而使恒星进化的下一步——氦燃烧成为可能（在此再次声明，术语燃烧并不是指真的燃烧，而是描述释放大量能量的一系列核反应）。氦聚合反应一旦开始，就会产生大量的能量，并传向表面。在较短时间内，恒星的外表面扩张、变热。这个过程被称为氦闪。

在氦燃烧的基本方程中3个α粒子（即氦核）转化为1个碳核。这一过程又被称为三氦核过程或三α粒子过程：

$$3\,{}^{4}_{2}\mathrm{He} \longrightarrow {}^{12}_{6}\mathrm{C}$$

每个机警的化学学生都会质疑方程的合理性，因为这个方程说明3个实体（即3个α粒子）必须精确地在同一时间相互作用才能保证反应的发生。但以地球现象为依据的化学中，三体反应几乎是不可能的。

上述反应可以进行的原因是：它是两步反应。在第一步中，两个α粒子结合形成铍-8核：

$${}^{4}_{2}\mathrm{He} + {}^{4}_{2}\mathrm{He} \longrightarrow {}^{8}_{4}\mathrm{Be}$$

Be核十分不稳定，会在0.968×10^{-16} s内衰变。尽管这个时间看起来有些短，但事实上足以使Be核与第三个α粒子反应：

$${}^{8}_{4}\mathrm{Be} + {}^{4}_{2}\mathrm{He} \longrightarrow {}^{12}_{6}\mathrm{C} + \gamma$$

这样一个表面上不太可能发生的反应之所以能够进行，是因为核心的α粒子密度极大，使得铍核与α粒子碰撞的概率也很高。

另一个元素形成阶段也可能在氦燃烧阶段发生，即α粒子与碳核反应生成氧核的反应：

$$^{4}_{2}He + ^{12}_{6}C \longrightarrow ^{16}_{8}O + \gamma$$

在一段时间内，天文化学家设想这类反应继续以生成更重元素如氖核的可能性，例如：

$$^{4}_{2}He + ^{16}_{8}O \longrightarrow ^{20}_{10}Ne + \gamma$$

但体积与太阳相近的恒星不太可能发生这样的反应。碳氧的产生标志着这类恒星中重元素合成的终极阶段。

氦燃烧可作为恒星外观改变的信号并使恒星偏离主序列。氦燃烧释放的能量使恒星显著扩张。质量与太阳相当的恒星的半径可能增加上百倍。同时由于外表面远离核心，它的温度相对较为适宜，在3 500 K之内。就H－R曲线而言，恒星已向上偏移，偏离了主序列。它已变成了红巨星。

由于内部的氦已耗尽，恒星到达了生命的最后阶段。由于氦已转化为碳与氧，这些重元素向恒星中心靠拢，而氦燃烧层则向外移动。随着时间的推移，暴露于寒冷的外部宇宙的恒星外层开始变冷。电子与带正电的核子运动速度的下降可使中性原子形成。形成的原子随后离开恒星，进入宇宙。随着恒星外层消散，它形成了云状结构即行星状星云。剩下的就是高温、高密度的核心。这个核心被称为白矮星，它再没有可以产生能量的核机制，而向周围缓慢释放热量，并且渐渐变冷。白矮星的万有引力如此之大以致使其核心密度达到了约10^9 kg/m^3，这个密度约是地球的100万倍。约降温10亿年后，白矮星基本失去了全部的内部力量。此后它将不再释放热量或光：它就像黑矮星一样已经进入坟墓。

更大的恒星＝更多的元素

由于更重，比太阳大的恒星所遵循的道路与上述略有不同。在这些恒星中，类太阳恒星中不可能发生的核反应也可以发生。由于这些反应的发生，形成了更多的元素。

例如在一个质量大于太阳25倍的恒星中，碳、氧和氮都可以继续"燃烧"，即继续与α粒子反应以形成更大更复杂的原子核：

$$^{4}_{2}\mathrm{He}+{}^{12}_{6}\mathrm{C}\longrightarrow{}^{16}_{8}\mathrm{O}+\gamma$$

$$^{4}_{2}\mathrm{He}+{}^{16}_{8}\mathrm{O}\longrightarrow{}^{20}_{10}\mathrm{Ne}+\gamma$$

$$^{4}_{2}\mathrm{He}+{}^{20}_{10}\mathrm{Ne}\longrightarrow{}^{24}_{12}\mathrm{Mg}+\gamma$$

这类反应可一直持续，直至铁的形成：

$$^{4}_{2}\mathrm{He}+{}^{24}_{12}\mathrm{Mg}\longrightarrow{}^{28}_{14}\mathrm{Si}+\gamma$$

$$^{4}_{2}\mathrm{He}+{}^{28}_{14}\mathrm{Si}\longrightarrow{}^{32}_{16}\mathrm{S}+\gamma\cdots$$

$$^{4}_{2}\mathrm{He}+{}^{52}_{24}\mathrm{Cr}\longrightarrow{}^{56}_{26}\mathrm{Fe}+\gamma$$

除此之外，由于能量的不足，不可能以聚合方式形成更重的元素。

由大原子核参与反应的其他聚合反应仍可以进行。如碳或氧的燃烧生成重核的反应：

$$^{12}_{6}C + ^{12}_{6}C \longrightarrow ^{20}_{10}Ne + ^{4}_{2}He$$

$$^{16}_{8}O + ^{16}_{8}O \longrightarrow ^{28}_{14}Si + ^{4}_{2}He$$

这些反应发生所需要的温度、反应的速率及其他条件均差别较大，参见表3-4。

表3-4 不同聚合反应的条件

阶 段	温度（K）	恒星密度（KG/ M^3）	持续时间
氢燃烧	4×10^7	5	7×10^6年
氦燃烧	2×10^8	700	5×10^5年
碳燃烧	6×10^8	2×10^5	600年
氖燃烧	1.2×10^9	4×10^6	1年
氧燃烧	1.5×10^9	10^7	6个月
硅燃烧	2.7×10^9	3×10^7	1天

碳氖和氧的燃烧也可以从别的途径进行，从而形成了其他同位素。例如：

$$^{12}_{6}C + ^{12}_{6}C \longrightarrow ^{23}_{11}Na + ^{1}_{1}H + \gamma$$

$$^{12}_{6}C + ^{12}_{6}C \longrightarrow ^{23}_{12}Na + ^{1}_{0}n + \gamma$$

$$^{16}_{8}O + ^{16}_{8}O \longrightarrow ^{31}_{15}P + ^{1}_{1}H + \gamma$$

$$^{16}_{8}O + ^{16}_{8}O \longrightarrow ^{31}_{16}S + ^{1}_{0}n + \gamma$$

至此，所讨论的聚合反应可以解释原子序数小于26（铁）的大多数元素的形成。但是，由于聚合反应的产物热力学并不稳定，即它们比起作为维持稳定粒子状态的趋势，分解成为更小的组成部分更加容易，更重的元素并不能通过这一过程形成。原子序数大于26的重元素形成的最常见的机制被称为中子俘获。在中子俘获反应中，一个中子撞击目标原子核。由于中子的相对原子质量为1，而原子序数为0，反应中形成的元素是原目标元素的同位素，且质量比原目标元素大1：

$$^{1}_{0}n + ^{A}_{Z}M \longrightarrow ^{A+1}_{Z}M$$

此处A是原子核M的质量数（质子和中子的总数量），Z是原子核M的原子序数（质子数）。

由于大质量的恒星中，中子数量较为充裕，中子俘获反应比较普遍。回想一下碳、氧及氮燃烧的等式，不难发现这类反应一般都有α粒子这一产物。天文化学家已经发现在这类反应中最为普遍的3种中子来源可用以下方程表达：

$$^{13}_{6}C + ^{4}_{2}He \longrightarrow ^{16}_{8}O + ^{1}_{0}n$$

$$^{22}_{10}Ne + ^{4}_{2}He \longrightarrow ^{25}_{12}Mg + ^{1}_{0}n$$

$$^{25}_{12}Mg + ^{4}_{2}He \longrightarrow ^{28}_{14}Si + ^{1}_{0}n$$

大多数情况下，一个稳定的原子核（如铁-56）可以再吸收一个（两个或三个）中子，仍旧保持稳定。例如，当铁-56吸收一个中子变成铁-57时，仍然稳定：

$$^{56}_{26}Fe + ^{1}_{0}n \longrightarrow ^{57}_{26}Fe + \gamma$$

反应中形成的铁-57可吸收第二个中子从而形成稳定的铁-58：

$$^{57}_{26}Fe + ^{1}_{0}n \longrightarrow ^{58}_{26}Fe + \gamma$$

最后铁-58可以再吸收一个中子，形成铁-59：

$$^{58}_{26}Fe + ^{1}_{0}n \longrightarrow ^{59}_{26}Fe + \gamma$$

但这步反应的产物铁-59并不稳定。它以释放贝塔射线的形式衰变，半衰期约为44.5天。

这种模式在中子衰变反应中很普遍。目标原子核俘获一个、两个或多个中子且保持稳定。但随着质量数与原子序数之比（A∶Z）的增加，原子核的稳定性下降。到达一定体积时它变得不稳定（具有放射性）并以释放β粒子或α粒子的形式或其他机制衰变。

一个不稳定的同位素衰变后会形成新的同位素及一种新的元素。例如在铁-59的例子中，通过释放β粒子形成了在已经讨论的聚合反应中无法形成的元素——钴：

$$^{59}_{26}Fe \longrightarrow ^{59}_{27}Co + ^{0}_{-1}n$$

通过中子俘获形成钴后，它也将变成中子俘获的目标。通过这一过程将其转化为辐射性的钴-60：

$$^{59}_{27}Co + ^{1}_{0}n \longrightarrow ^{60}_{27}Co + \gamma$$

钴-60反过来通过释放β射线衰变形成相邻的更重的元素——镍：

$$^{60}_{27}Co \longrightarrow ^{60}_{28}Co + ^{0}_{-1}e$$

依照这个过程继续下去，每一个给定的原子核最终会增加一个中子而变重。

但这条路并不是无限的。中子俘获所需要的时间与形成的同位素的半衰期的关系限制了这一进程。例如上面所描述的铁成功转化为钴、镍的反应中，速率相对较慢，因此被称为慢中子俘获，或是简单称为慢反应。它们被描述为慢是因为对于给定的原子核，吸收一个中子的平均时间可能为千万年。这些反应之所以能进行是因为它们都包括一个稳定的同位素，例如铁-57、铁-58或钴-59。如果反应中有这类同位素，或有半衰期大于几百年或几千年的同位素，则有充足的时间进行中子俘获。

事实上，在许多发生氧碳燃烧的较老的高度进化的恒星核心处，例如前文提到的恒星，发生的就是上述提到的过程。在这种情况下，聚合反应产生大量的中子，但仍有大量稳定的同位素如铁-58。

但要产生原子序数更大的稳定同位素如铅-208及铋-209等，慢过程则不再有效。这些参与中子俘获反应的同位素所产生的同位素半衰期很短。例如，以铅为目标粒子的中子反应所产生的是钋（原子序数＝83）。但钋没有稳定的同位素：同位素的半衰期都小于102年。因此没有钋的同位素，可以坚持到成百上千年后慢进程的发生。原子序数大于83的元素的存在说明了一定存在其他原子核反应机制。这个机制被称为快速进程或快进程（图3-7）。

玛格丽特·伯比治（1919—　）和哥德非·伯比治（1925—　）

科学研究包括很多部分，例如准备设备、搜集数据、提出假设、提出总体理论等。但有一个过程很少被提及：设置议程（set the agenda）。设置议程指一些人为回顾某一领域内前人成果，对此作出相应评价并勾勒出未来一段时间内研究程序的轮廓等所作出的努力。这项工作在天文学上最为出名的例子之一是玛格丽特·伯比治和哥德非·伯比治夫妻以及他们的同事威廉姆·A.福勒(William A. Fowler)、弗莱德·霍依尔(Fred Hoyle)在1957年所写的论文。

玛格丽特·伯比治(Margaret Burbidge)原名伊丽诺·玛格丽特·皮彻(Eleanor Margaret Peachy),1919年8月12日生于英国戴维普(Davenport)。她的父亲是曼彻斯特技术学院(Manchester School of Technology)的教师,母亲是化学系学生。1921年全家迁至伦敦,在那里,她的父亲建立了自己的研究实验室。玛格丽特1939年获得了伦敦大学学院(University College)的科学学士学位,1943年获得了伦敦大学天文台(University of London Observatory)博士学位。1947年,玛格丽特·皮彻遇到了哥德非·伯比治,一年后他们结为夫妻。

哥德非·伯比治(Geoffrey Burbidge)于1925年9月24日生于英国彻平诺顿(Chipping Norton)。1946年,他获得了布瑞斯特(Bristol)大学的物理学士学位,然后进入伦敦大学学院攻读天文学的研究生。1951年,他完成了天文物理学的学习,拿到博士学位。同年,他的妻子以临时副经理的身份供职于芝加哥耶克斯天文台(Yerkes Observatory)。1951—1953年间,哥德非·伯比治在芝加哥大学、哈佛大学、剑桥大学著名的卡文迪许实验室工作。

在耶克斯天文台工作两年期满时,玛格丽特接受了加利福尼亚工学院的任命,开始了研究员的工作。她和哥德非·伯比治冒险参与了可能使他们终身都留在美国的工作。就在这段时间内，伯比治、福勒和霍依尔完成了他们的经典论文——《恒星元素合成》。这篇论文收集并总结了当时已知关于恒星中元素形成的所有信息，并对进一步的研究工作提出了建议。这篇论文最终以4位作者的名字缩写B^2FH这一名字广为人知。1997年15位作者写了以《恒星中元素合成：40年的进步》为题的著述，肯定了这篇论文的重要价值。

《自然》杂志的编辑强尼·马多克斯（John Maddox）随后解释了B^2FH的重要性。他说，首先，它为恒星中元素形成方式提供了最好的解释；其次，它解决了当时关于恒星穿越H-R曲线时发生的变化的争论。最后，它为计算恒星组成打下了基础并预测了恒星最后的命运。

玛格丽特随后相继在芝加哥大学担任天文学副教授（1959—1962），在加利福尼亚大学圣迪格分校（San Diego，UCSD）担任副教授、教授（1962—1990）。1990年玛格丽特从加利福尼亚大学圣迪格分校荣誉退休。1963年哥德非也到了加利福尼亚大学圣迪格分校，他1978—1984年担任亚利桑那州（Arizona）土克逊（Tucson）西南的克特峰国家天文台（Kitt Peak National Observatory）的主任。然后，他又回到了加利福尼亚大学圣迪格分校。在那里他仍旧担任物理学院的教授。

伯比治夫妇都曾获得很多荣誉。他们曾获得天文学最高奖——布鲁斯(Bruce)奖，玛格丽特1982年获奖，哥德非于1999年获奖；他们都被选为皇家学会会员——玛格丽特1964年当选，哥德非1968年当选。1959年，这对夫妻组合同时被美国天文学会授予沃纳(Warner)奖章。玛格丽特获得了更多的荣誉博士学位，并于1984年获得国家科学奖章。她获得的最高荣誉之一是1976年被选为美国科学进步协会的主席。

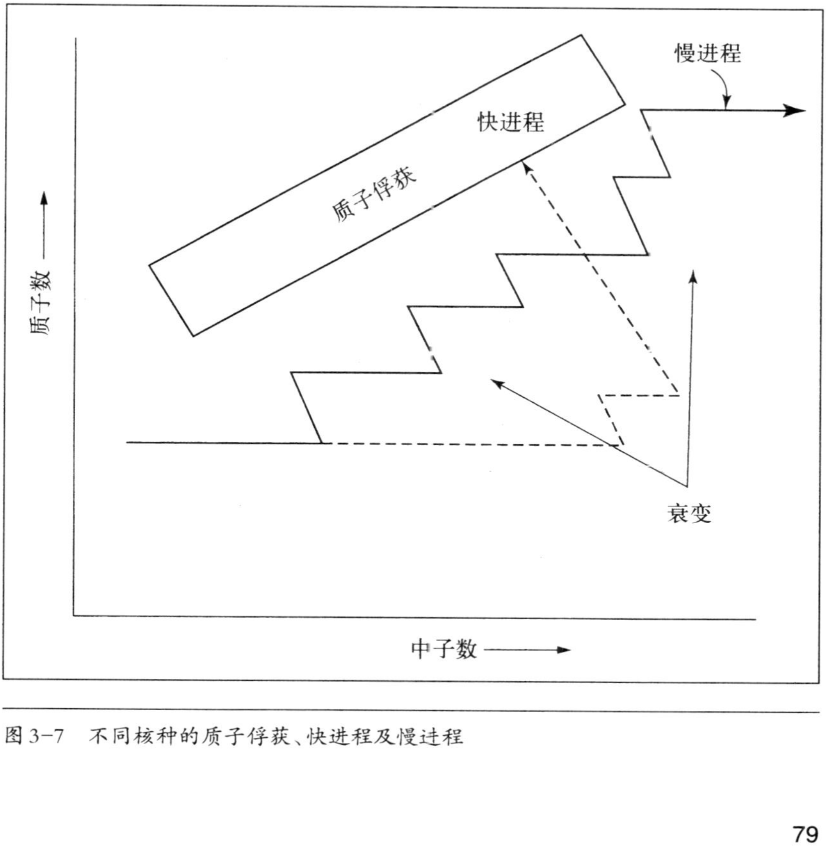

图3-7　不同核种的质子俘获、快进程及慢进程

快进程确实很快。恒星生命的最后时刻，由于大量铁（^{56}Fe）聚集在它的核心处，进程开始。这使关于万有引力的吸引力与热力学的扩张力是否一直存在于恒星之中的争论有了结论。恒星的核心处积累了如此之多的铁，导致万有引力非常强大。所以恒星的质量被强烈吸引。物质向中心的高速运动导致了非常高的温度及压力。这力量是如此强大。事实上在核心周围漂浮的自由电子被吸进已经在那里存在的原子核中，于是质子被转化为中子：

$$p^{+}+e^{-}\longrightarrow n^{0}$$

但是物质向核心的疯狂运动迅速产生足够的热量来抵制这个进程。核心分裂，以令人难以置信的速度向宇宙空间释放物质。这就是超新星——天空中可以看到的最具戏剧性的一幕：恒星最终解体并将自身物质释放回宇宙。在这个过程中，数百万年甚至数十亿年的工作——将星云中的氢转化为氦、碳、氧、氮、铁以及其他元素，瞬间灰飞烟灭，不复存在。核心处许多来之不易的铁原子核彻底瓦解，恢复到氦核，更多的情况是恢复到质子及中子的状态。

这么多的中子的瞬间释放提供了新元素产生的另一种机制。中子密度是如此之大以至于半衰期较短的元素也可以发生慢进程似的中子、伽马射线反应。以只有一种稳定同位素的铋为例：当铋-209——唯一的稳定同位素在超新星爆炸的过程中由恒星中心抛射出来时，类慢反应可以发生：

$$^{209}_{83}Bi+{}^{1}_{0}n\longrightarrow {}^{210}_{83}Bi+\gamma$$

同位素 ^{210}Bi并不是一个很好的参与慢进程反应的候选者，因为它的半衰期只有5天。它不太可能等到慢进程中子的出现（如前所述这样的中子在数百年甚至更长的时间内才会出现一次）。但在超新星中高中子密度的环境中，^{210}Bi每秒可以遇到数以百万计的中子。因此这个反应的下一个阶段——中子与 ^{210}Bi反应生成家族中下一个更重的同位素 ^{211}Bi可以较为容易地发生：

$$^{210}_{83}\mathrm{Bi} + ^{1}_{0}\mathrm{n} \longrightarrow ^{211}_{83}\mathrm{Bi} + \gamma$$

物质密度的变大使得合适的粒子及时相遇并反应的可能性大大增加。在这种情况下，对任何一个原子序数大于83的同位素的产生我们都可以作出解释。这些没有在慢进程中直接产生的同位素由其他机制生成，即来自慢反应的产物。例如上述反应下一步产生的同位素 ^{2}Bi的半衰期是60分钟，但它可以通过α衰变或β衰变两种机制衰变，α衰变产生的是同位素 ^{2}Tl，而β衰变所产生的是 ^{211}Pb：

$$^{212}_{83}\mathrm{Bi} \longrightarrow ^{4}_{2}\mathrm{He} + ^{218}_{81}\mathrm{Tl}$$

或

$$^{212}_{83}\mathrm{Bi} \longrightarrow ^{0}_{-1}\mathrm{n} + ^{211}_{82}\mathrm{Tl}$$

这些核反应对宇宙中大部分已知的丰富的同位素的起源作出了令人满意的解释。但存在例外。最重要的是表3-5所示的一组富质子同位素。这些同位素均不可能通过氢、氦、碳或其他形式的元素的燃烧得到，也不能通过中子俘获反应获得。

人们提出了两种解释富质子同位素产生的机制。包含核子俘获质子这一过程的第一种机制在产生较轻的富质子同位素方面最为有效。这个反应是一个质子、γ反应，它的净反应很简单，只要向核子加一个质子使其原子序数及质量数都加1即可。形成钒的一种可能机制如下所示：

$$^{1}_{1}H + ^{49}_{22}Ti \longrightarrow ^{50}_{23}V + \gamma$$

表3-5　一些“富质子”同位素

同位素	原子序数	质量数	质子中子比
^{50}钒	23	50	27∶23
^{92}钼	42	92	50∶42
^{94}钼	42	94	52∶42
^{96}银	47	96	49∶47
^{98}银	47	98	51∶47
^{196}汞	80	196	116∶80

这种机制的问题很显然：质子接近一个带正电的核子如Ti核时会受到强大的静电排斥力。质子如何克服排斥力到达核子呢？计算发现，如果质子具有足够的动能，它可以克服这种障碍而成为同位素的一部分，尤其是对于质子较少、序数较小的同位素。引发这一反应所需温度据估计为2到3×10^{9} K。虽然这一温度很高，但低于一些恒星走向生命尽头时所达到的最高温度。

第二种机制在理论上更加具有现实意义。它假设较重的富质子核子的产生经历了γ、中子反应。在这类反应中，高能光子与核子碰撞，导致原子核的重排。在此过程中，一个中子被释放。例如汞-196可以通过这种机制由其同位素产生：

$$^{197}_{80}Hg + \gamma \longrightarrow ^{196}_{80}Hg + ^{1}_{0}n$$

这一γ、中子反应的发生同样需要很高的温度（2×10^9 K到3×10^9 K）。这种情况发生的可能场所之一便是重恒星作为超新星爆发并向星际间媒介释放物质的生命的最后阶段。

解释完这些反应，重元素的形成故事已基本完成。类太阳大小的恒星形成后就开始了将氢转化为氦的过程。当它们到达生命的尽头时，碳、氧燃烧代替了氦燃烧，并形成了更重的元素，直到形成铁。中等大小的恒星促成重元素的核合成，而较重的恒星则可以通过慢、快反应、质子反应及高能光子交换等机制产生我们已知的几乎所有的同位素。

有关元素合成的问题并没有就此结束。很多借助理论计算而得出的元素形成的故事仍有待于元素丰度、恒星性质等方面的实际观察，并且关于某些同位素的起源问题仍存在不断的争议。

整体的画面已经清晰。由于恒星中存在着丰富的核反应进程，几乎所有同位素的创造都可以得到相应的解释。这些同位素在恒星中形成后，会随着恒星的死亡而释放到星际间媒介中。当它们成为星系际间质的一部分时，这些同位素可以被处于进化初期如分子云收缩期或原恒星形成期的恒星所俘获。毫无疑问，恒星是证明循环再利用有益于环境的理想典型！

四

内层行星

长久以来，化学家们被太阳系中的恒星、小行星、彗星、流星和其他天体深深吸引着。构成这些星体的元素、物质和其相应的组分与地球上的一样吗？这些星体的表层、大气又与地球存在着怎样的差异呢？如果这些太阳系星体的化学成分真的存在着不同，那又如何去解释呢？构成这些星体的化学成分对于科学家们探索它们的起源又有着怎样的意义呢？

追溯至1960年，当时的化学家们几乎没有任何工具可以帮助解答上述问题。但是，在有些情况下，科学家们还是可以根据一个行星的质量和体积来估算它的密度的。而它的质量和体积可以很容易通过其轨道得到。一旦该行星的密度被估算出来，科学家就可以据此建立模型（图4–1）。

例如，科学家们可以得出：那些和地球密度（约为5.5 g/cm^3）相近的行星包含一些轻比重的矿物如硅酸盐（密度约为3.5 g/cm^3）和较多重比重的物质如铁

科学家们相信这些行星是由绕太阳转动的团状气体和灰尘构成的。（乔恩·罗姆伯格/图片研究者有限公司）

图 4-1　行星的诞生

和镍（密度约为8.5 g/cm^3）。那些密度较小的行星，如火星（密度＝3.93 g/cm^3），主要是由像岩石、硅酸盐一样的密度低的物质构成，再如木星（密度＝1.36 g/cm^3），几乎含有所有的气体元素和合成物。

研究行星的化学成分

长久以来，确定行星化学成分的最重要手段是光谱研究。它是由德国物理学家约瑟夫·冯·弗朗禾费（Joseph von Frauhofer，1787—1826）于1814年发明的。光谱研究是一种研究不同形式电磁波的技术手段，如可见光。当一束太阳光通过分光计时，它将被分解成一段连续的波谱。该波谱包括可见光区所有可能能量的波长。处于可见光区的一段连续的光谱就像彩虹一样，显现出各种我们所能看到的颜色。

光谱研究表明，当加热一种纯净的原子、化合物、自由基、离子和其他化学物时，所发出的光谱是离散的，而非连续的。也就是说，这些光谱仅仅只是一些窄的谱线，而它们各自对应着某一特定的波长。图4-2是氢被加热后，得到的在可见光区的线状光谱图。

当加热任何一种元素和化合物时，都会产生一种与之相对应的特征谱线。科学家们可以通过利用分光计分析行星表面或大气所发射的电磁波来分析得到的谱线。通过分析这些谱线，科学家们就可以知道行星表面或大气中所包含的化学成分。

关于光谱技术，最为著名和悠久的例子是1868年它在太阳系

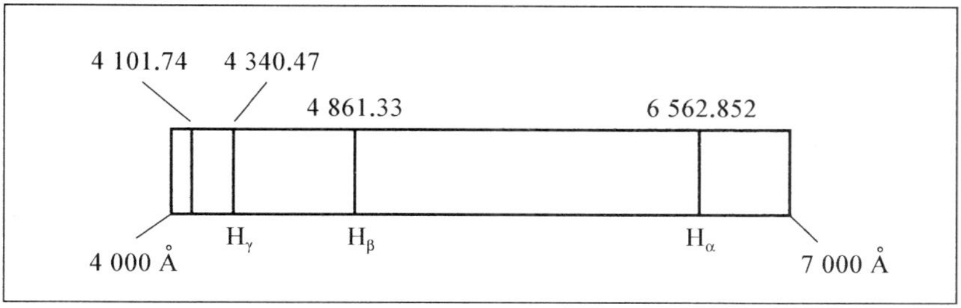

图 4-2　氢原子在可见光区的光谱图

的研究中的应用。在印度观察日食时，法国的天文学家皮埃尔·詹森（Pierre Janssen，1824—1907）在太阳光中发现了一种谱线，非常接近钠的谱线。然而，詹森知道这种新的黄色光谱并不是钠的谱线。事实上，这是一种从未在地球上观测到的新的谱线。为了解释这一实验结果，詹森假设太阳的大气中存在一种地球上未被发现的元素。后来，该元素由英国天文学家诺尔曼·路耶（Norman Lockyer，1836—1920）命名为"氦"（helium），希腊意思是"太阳"（helios）。大约30年后，詹森这一大胆的假设才被证实。1895年，英国化学家、物理学家威廉姆斯·拉姆奇（William Ramsay）在关于铀矿的一系列实验中第一次在地球上发现了氦。

如今天文学家已经开始通过研究行星表面和大气发射的光波来研究它的化学组成。这种方法也被用于研究太阳系的其他天体，如彗星、流星和绕行星运动的卫星。当行星和其他天体发射出的光波数量较少时，这种手段十分有效。同样地，当存在很多元素和化学物的谱线时，光谱的观测也将变得异常复杂。

在太阳系天体早期的光谱研究中，只有它们发射的光波处于可

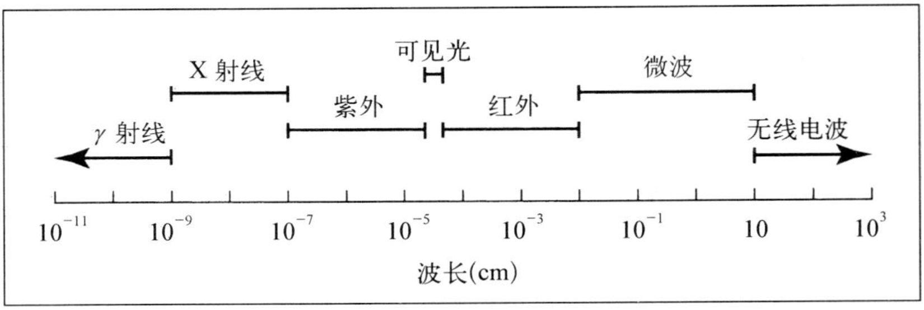

图 4-3　电磁波谱

见光区时才能被有效地研究。但是所发射光波的波长范围远比可见光区宽。正如图4-3所示，可见光区只占电磁波光谱的很小一部分。除了可见光区，太阳系的射线还包括红外区和紫外区。目前天文学家已经发明了更加先进的仪器和技术，来帮助他们在更宽的波长范围分析来自太阳系天体的各种射线。

在过去的半个世纪里，天文化学家们取得了众多重大的突破。火箭和太空工具的发展，使它们能将分光计带入太空，从而消除了地球的大气层对于许多宇宙射线的屏蔽影响。其中最著名的要数国际紫外线探测器（International Ultraviolet Explorer, IUE）。它是由美国航空航天局、欧洲太空总署（ESA）和英国共同合作完成的，于1978年1月26日发射成功。IUE预期将在预定轨道上工作3年。但是，出色的表现使它继续工作了18年之久，直至1996年9月26日关闭。正如其名字所示，IUE收集并分析了波长在115 nm~320 nm这一紫外区的电磁射线。在它的工作生涯中，IUE获得了关于行星、彗星、流星、恒星、星系和其他天体的10万多种光谱。

目前也已经设计并建造了其他观测太空的观测器，来研究波段处于红外区的宇宙射线。火星红外光谱仪是第一架被送上太空去研究另一颗行星化学成分的红外光谱仪。它于1969年由“水手火星七号”（Mariner Mars 7）运载进入轨道。这架红外光谱仪的探测覆盖了火星表层，收集并分析了波长处于1 800~14 400 nm范围内的射线。在它最初发射成功30年后，科学家们仍在检测其得到的数据，来获得火星表面化学成分的相关信息。

总的来说，美国国家航空航天局已经制定了很多的计划来研究这些行星。表4-1总结了这些计划、目标和发射日期。该表也包括了苏联、日本和欧盟空间组织所进行的行星探索。

表4-1 不同陆地行星的行星观测器

太空舱	发射国家	目标	发射日期
维尼拉1	苏联	金星	1961年2月12日
水手2	美国	金星	1962年8月27日
水手4	美国	火星	1964年11月28日
让得3	苏联	火星	1965年6月18日
水手5	美国	金星	1967年6月4日
维尼拉4	苏联	金星	1967年6月12日
维尼拉5	苏联	金星	1969年1月5日
维尼拉6	苏联	金星	1969年1月10日
水手6	美国	火星	1969年2月24日
水手7	美国	火星	1969年3月27日
维尼拉7	苏联	金星	1970年7月22日
火星2	苏联	火星	1971年5月19日
火星3	苏联	火星	1971年5月28日
维尼拉8	苏联	金星	1972年3月27日

续 表

太 空 舱	发射国家	目　标	发射日期
火星5	苏联	火星	1973年7月25日
火星6	苏联	火星	1973年8月5日
火星7	苏联	火星	1973年8月9日
水手10	美国	火星和水星	1973年11月3日
维尼拉9	苏联	金星	1975年6月8日
维尼拉10	苏联	金星	1975年6月14日
维京1	美国	火星	1975年8月20日
维京2	美国	火星	1975年9月9日
金星先锋（轨道飞行器）	美国	金星	1978年5月20日
金星先锋（着陆器）	美国	金星	1978年8月8日
维尼拉11	苏联	金星	1978年9月9日
维尼拉12	苏联	金星	1978年9月14日
维尼拉13	苏联	金星	1981年10月30日
维尼拉14	苏联	金星	1981年11月4日
维尼拉15	苏联	金星	1983年6月2日
维尼拉16	苏联	金星	1983年6月7日
织女（维伽）1	苏联	金星	1984年12月15日
织女（维伽）2	苏联	金星	1984年12月21日
火卫一2	苏联	火星	1988年7月12日
麦哲伦号	美国	金星	1989年5月4日
伽利略号	美国	木星	1989年10月18日
火星观测者	美国	火星	1992年9月25日
火星全球调查号	美国	火星	1996年11月7日
火星探路者	美国	火星	1996年12月4日

续　表

太空舱	发射国家	目　标	发射日期
卡西尼号	美国	土星	1997年10月15日
希	日本	火星	1998年7月4日
火星气候轨道飞行器	美国	火星	1998年12月11日
火星极地着陆器/深空间2号	美国	火星	1999年1月3日
火星奥德赛	美国	火星	2001年4月7日
火星快车	美国	火星	2003年6月2日
精神号	美国	火星	2003年6月10日
机会（火星流浪者）	美国	火星	2003年7月7日
信使号	美国	水星	2004年8月3日
火星侦察轨道飞行器	美国	火星	2005年8月12日
金星快车	美国	金星	2005年11月5日
新视野	美国	冥王星	2006年1月19日

表中只包括至少达到部分预期目标的发射计划。

资料来源：国家宇宙科学数据中心，详情见网址http：//nssdc.gsfc.nasa.gov/planetary.

对于太阳系五大行星——水星、金星、火星、木星和土星，以及包括彗星、小行星、行星的卫星和月球在内的众多天体，这些太空观测器和大量的陆地探测器提供了越来越多的数据。

水　星

20世纪60年代，科学家们对水星的化学成分几乎没有具体的了解。在那段神秘的时期，当一颗行星在另一颗行星前经过时，科学家们就能够对水星的大气进行测定。结果表明，水星具有一层稀薄的大气，主要成分是氦。地球上的望远镜和分光镜可以知道这颗行星的表面和月球有点相似，呈岩状。除此以外，一无所知。

根据这颗行星的密度（5.4 g/cm^3），科学家们推测水星的整体结构与地球有些相似，具有岩石地壳、地幔和主要由铁元素构成的地心。据估计，该地心的半径约为这颗星球半径的1/3。

为了距离更近地研究这颗行星，第一个（而且是唯一的）水星空间探测器"水手10号"（Mariner 10）于1973年11月3日发射升空。该太空舱装载了两架带了数码记录仪的窄角相机、一台紫外光谱仪、红外光谱仪、磁力计、望远镜、等离子分析器和其他设备，用于收集、储存和报告数据。经过18个星期的旅程，在它仍然距离水星330万英里（530万千米）时，"水手10号"开始对这颗星球进行拍照。其频率是每42秒一张，总共得到了大约4 000张水星的照片。"水手10号"距离水星的最近距离是3 600英里（5 790千米）。

在20世纪70年代早期，要想对水星表面和其大气的化学成分进行详细的分析，研究者们所能利用的设备和分析技术远远不足。然而，拍摄到的照片却展示出了水星不同寻常的地表特征。科学家们确信这颗行星的外表和月球相似，具有盆地、坑地、悬崖、山脉、高地和平原。这颗行星上最大的盆地叫克罗依斯（Caloris），直径约为800英里（1 300千米），它的尺寸和月球的迈尔·伊姆布瑞姆（Mare Imbrium）相近。它还具有更多和月球相似的地形结构。

"水手10号"已经发射了三十多年，科学家们对于水星也有了进一步的了解。首先，具有较高灵敏度的行星天文望远镜和分光镜提供了关于水星表层和大气的化学成分更加准确的新信息。例如，亚利桑那大学月球和行星科学实验室（the Lunar and Planetary Sciences Laboratory，LPSL）的研究者们就利用1.5米的行星天文望远镜（1.5-meter Catalina Observatory planetary telescope）获取水星更加准确的大气新数据。在21世纪初期，该实验室的研究者们发布了水星大气中钠的浓度的更详细的信息，并第一次发表了水星上存在钾的科学报告。

其次，科学家们利用新的技术手段重新分析"水手10号"获得的初期数据，借此得到了这颗行星更多新的信息。在这项研究中居于领先地位的人是：马克·S. 罗宾森（Mark S. Robinson），原工作于亚利桑那州弗来格斯塔夫（Flagstaff）市的美国地理测量局（the U. S. Geological Survey），现工作于西北大学；保罗·G. 路塞（Paul G. Lucey），工作于夏威夷大学地球物理与行星学夏威夷所（Hawaii Institute of Geophysics and Planetology）。他们利用新型的电脑分析技术和图像处理手段，将"水手10号"提供的黑白照片转变成彩色图片，从而发现了关于水星表层化学成分具有重要价值的信息。通过与新技术的联用，这些研究让人们对于这颗行星大气和表层组分的本质有了一个更好的理解。

由于接近太阳，水星不能像其他行星那样维持一个稳定的大气层。据估计，水星的大气压只有地球大气压的10^{-15}倍。它的主要成分为氧、氦和钠，但最近的研究也发现钾存在的痕迹。这些元素的来源十分有趣。它们可能是流星撞击这颗行星时，发生分裂并将其所含物质释放到大气中而得到的。然后，这颗行星稀薄的大气开始发生重组：一方面流星碰撞产生的新粒子加入，另一方面现存的粒子被太阳射线带走。然而，一些天文学家认为大气中发现的氧、钠和钾可能是在这颗行星岩石层崩溃时产生的。如果这种观点正确的话，那么这种现象将使人们对这颗行星的表层结构和起源有更深入的认识。

罗宾森和路塞的分析同样提供了水星表面和靠近表面区域的化学成分的信息。该研究表明，目前尽管具体的化学成分仍不确定，这颗行星的表面各处的化学成分却均不相同。例如，行星表面的某些部分富含铁钛化合物，而其他部分则较少。“水手10号”关于水星凹地的照片被转变成彩色图片，为表面区域的研究提供了大量信息。凹地顶端到底端的差异表明，其所蕴藏的矿种随着距离表面深度的变化而各不相同。

地面研究提供了更多与其表面化学成分有关的信息。例如，LPSL的研究者们分析了行星表面发射的红外光谱，并鉴定了可能存在的化学物质。安·L. 斯帕克（Ann L. Sprague）、R. W. H. 科兹洛夫（R. W. H. Kozlowski）和弗来德·C. 维特伯恩（Fred C. Witteborn）根据光谱观测结果在一次报告中指出：“存在着斜长岩和玄武岩，同时总的光谱表明钙长岩的存在。”斜长岩和钙长岩都属于硅酸盐矿石，富含硅和氧。斯帕克的文章中指出，岩石中二氧化硅的含量在49%~55%之间。这些结果和大多数其他相关研究相符，表明该行星表面的岩石含有大量的硅酸盐和少量的氧化铁以及更少的钛。

水星表面最令人感兴趣和吃惊的是，这颗行星的南北两极可能存在冰。加利福尼亚州美国国家航空航天局喷射引擎推进实验室的研究者们通过大量研究得出的结果第一次为这一发现提供了有力的证据。研究者们利用雷达信号探测该行星的北极区域，并利用位于新墨西哥的超大无线电天文望远镜系统分析反射的电波，他们发现反射电波的光谱和冰态的水十分相似。自从1991年第一次发表了这个结果后，他们进行了进一步的研究以便确定极地是否真的存在冰态的水。但是至今依然没有最终的定论。

这颗行星表面在正午的温度约700 K，如果两极存在冰态水，那将是不可思议的。由于水星距离太阳太近，天文学家几乎很少考虑其表面存在各种结冰物质的可能性。然而，水星上的冰态水在离地表很深的地方，这样可使它们避免太阳的热辐射，从而在很长的一段时间内以固态存在。

目前来说，科学家们对这颗行星的内部几乎一无所知。然而，大多数科学家相信在地表和地幔之下存在一个主要由铁和镍构成的巨大核心。水星周围存在着的磁场为这一假设提供了有力的证据。

当然，水星还有许多未解之谜。美国国家航空航天局和欧洲太空总署都制定了新的太空计划去探索这颗行星更多的秘密。其中之一是美国航天局的“信使计划”（MESSENGER，for Mercury Space Environment，Geochemistry and Ranging），于2004年8月3日发射升空。它装载了微波、中子、X射线、高能粒子和等离子光谱仪、高度计、磁力计、二维成像系统和其他数据收集与报告系统。该太空舱预计将于2008年1月、10月和2009年9月飞越这颗行星。两年后，2011年3月它将进入预定轨道，绕这颗行星运动。“信使计划”肩负着多重使命，包括研究极地冰、行星大气外的区域、行星地壳和地幔的成分、行星的地质演变和行星的磁场特性。

在“信使计划”到达水星不久之后，欧洲太空总署将会把名为“哥伦布”（BepiColombo）的太空船发射到这颗行星上。这艘太空船是以在水星的轨道和转动特征方面有过广泛研究的意大利物理学家吉赛贝·哥伦布[Giuseppe(Bepi)Colombo,1928—1984]的名字命名的。哥伦布有三大部件:一颗行星人造卫星、一颗磁畴人造卫星和一个表面着陆器。发射计划于2013年8月进行。

金 星

科学家对于金星的了解远比水星要深入。事实上,在20世纪30年代早期就有了关于金星化学特性的可靠证据。那时两位美国天文学家沃特·S.亚当斯(Walter S. Adams, 1876—1928)和小西奥德尔·杜汉姆(Theodore Dunham Jr., 1897—1984)就致力于金星大气的光谱分析。根据加利福尼亚州帕萨迪那(Pasadena)市威尔森(Wilson)天文台收集的光波,他们得出这颗行星的大气中含有大量的二氧化碳。由于长久以来,金星和地球被认为是“姐妹星”(sister planets),它们在包括化学成分在内的很多方面都应该是相似的,但他们并没有找到这颗行星上存在水的任何证据,这多少有点出乎他们的意料。

然而,30年后在金星的大气中却发现了水的存在。那时,安置在高空气球的光谱仪检测出这颗行星上存在着少量的水。水的含量在1~100 ppm之间,这和地球大气中的水含量相差甚远(地球上的水含量为0~4%)。

1961—1990年,对这颗行星进行的24次航天探索极大地丰富了科学家关于金星大气和表面的知识。其中16次是苏联维尼拉工程的一部分。在该系列中第一艘太空船,也是第一艘星际间太空船

1961年2月12日成功发射。该系列中最后的太空行动，太空船维尼拉15号和16号分别在1983年6月2日和6月7日成功发射。在这些太空行动中，有些几乎提供的全部是关于火星的信息，而另一些却由于失踪或与行星距离过远等原因而没有获得任何有用的数据。

美国已经发射了9艘太空船，目标直指金星。其中，3艘属于水手系列（2号、5号和10号），两艘属于1978年的“金星先锋计划”（Pioneer Venus）。还有两艘属于织女星系列，在该系列中太空船携带的气球都被抛入地球大气层。另一艘是1989—1990年的麦哲伦太空船，最后一艘属于同时期的伽利略太空行动系列。

美国和苏联的太空行动都取得了不同程度的成功。例如，“维尼拉1号”由于离行星表面最近距离都有6万英里（10万千米），几乎没有得到有用的信息。“维尼拉3号”在金星表面成功着陆，但是由于仪器受到冲击力的破坏，这次旅程没有获得任何数据。但是，其他的太空行动至少都得到了一些有用的数据，并有很多提供了许多能被完整地处理和分析的数据。

其中之一就是“维尼拉4号”，发射于1967年6月12日。它在10月18日到达行星，并留下了大量的仪器，其中包括2根温度计、1个气压计、1架无线电高度计、1个大气密度计、11个气体分析器和两部无线电发射机。数据经过这些仪器的收集并传送到绕该星运动的太空中转站，最后送达地球。在完成数据传送后，该中转站释放出降落伞来降低其速度。然后，它下降到距离金星表面15.51英里（24.96千米）高度的大气中，数据传递由此中断。

在最近一次探索金星的太空行动中，美国国家航空航天局在1989年5月发射了由亚特兰提斯航天飞机运载的“麦哲伦号”太空船。经过8个月的旅行，“麦哲伦号”以984英尺（300 m）的比例绘制了占金星表面84%的地图。其中20%的地图是通过立体（三维）图像得到的。1994年10月11日，“麦哲伦号”结束了自己的工作生涯，坠入金星大气。在下落的过程中，它仍然在持续不断地收集有关大气成分的数据。

1989—1990年由“伽利略号”太空船执行的探索金星的太空任务得到了新的数据。这次行动的主要目标是木星，只是途经金星以此提供“引力援助”——为太空船提供到达外地行星动力的一种途径。然而，在它和金星最近距离约为1万英里（1.6万千米）时，“伽利略号”进行了金星云层的光谱研究，收集了金星中部大气云层的照片，并且分析了云层中的放射源。

最近的探索金星的太空行动中，欧盟太空组织于2005年11月5日发射了“直达金星号”太空船。该太空船于2006年4月到达，5月6日进入预定轨道。目前它已经传回有关金星大气的一些清晰图片和数据，其中包括第一张南极图片。“直达金星号”传回的这些新的数据包括金星低层大气的化学成分、不同高度的大气温度的变化、行星表面温度的测量和在中上层大气包含的氧气和氮气发生的化学反应。

根据地面和太空船的研究，科学家们对于金星大气的本质和小范围内的金星表层有了相对不错的认识。例如，科学家们已经证实金星大气的主要成分是二氧化碳（约96.5%）和氮气（约3.5%）以及更少的其他气体。现今估计的金星大气成分见表4-2。由于不同的太空行动得到的数据有些不同，该表中的数据并不一定准确。一些气体的浓度也与高度有关。例如，探测器测得水蒸气的浓度在地表处是10 ppm，而在30英里（50千米）的高空则达到约200 ppm。

表4-2 金星大气的组分

气 体	含 量	来 源	消 耗
CO_2	96.5 ± 0.8%	渗气	形成碳酸盐
N_2	3.5 ± 0.8%	渗气	
SO_2	150 ± 30 ppm* (22~42 km)	渗气、H_2S和OCS的反应	形成硫酸、硫酸钙
H_2O	30 ± 15 ppm* (0~45 km)	渗气	氧化二价铁离子，失去氢原子
Ar	31 ppm	渗气、初期残留	
CO	45 ± 10 ppm* (50 km)	CO_2的光解	光氧化生成CO_2
He	0.6~12 ppm	放射性矿物渗气	
Ne	7 ± 3 ppm	渗气、初期残留	
Ar	5.5 ppm	渗气、初期残留	
OCS	4.4 ± 1 ppm* (33 km)	渗气、硫酸盐的分解	转化成SO_2
H_2S	3 ± 2 ppm (<20 km)	渗气、硫酸盐的分解	转化成SO_2
HDO	1.3 ± 0.2 ppm* (<50 km)	渗气	形成氢原子，逸失
HCl	0.6 ± 0.12 ppm* (云层顶部)	渗气	形成含氯矿石
Kr	25 ppb	渗气、初期残留	
SO	20 ± 10 ppb* (云层顶部)	光化学反应	光化学转化
S	20 ppb (<50 km)	硫化物矿石的分解	转化成SO_2
HF	5 ppb	渗气	形成含氟矿石

*这些物质的含量与高度有关。以上给出的都是其相应高度范围内的最大数值。

资料来源：引自Bruce Fegley Jr.,"Venus", Table 3, in A.M. Davis ed, Treatise on Geochemistry, New York: Elsevier, 2004。

如表所示，金星大气所含的气体有4个主要来源。首先，惰性气体如氦、氖和氩可能是行星形成初期的残留物。其次，很多气体可能是从行星表面的缝隙中逃逸出来的，该过程叫做渗气，也是这些气体的主要来源。第三种来源是行星表面岩石和矿物的风化。例如，碳酸盐和硫酸盐分解，各自释放出二氧化碳和二氧化硫气体。最后，一些气体通过大气中的化学反应形成。例如，二氧化碳的光解（光催化的反应）形成一氧化碳。

金星大气中气体的平均密度要远大于地球大气中气体的平均密

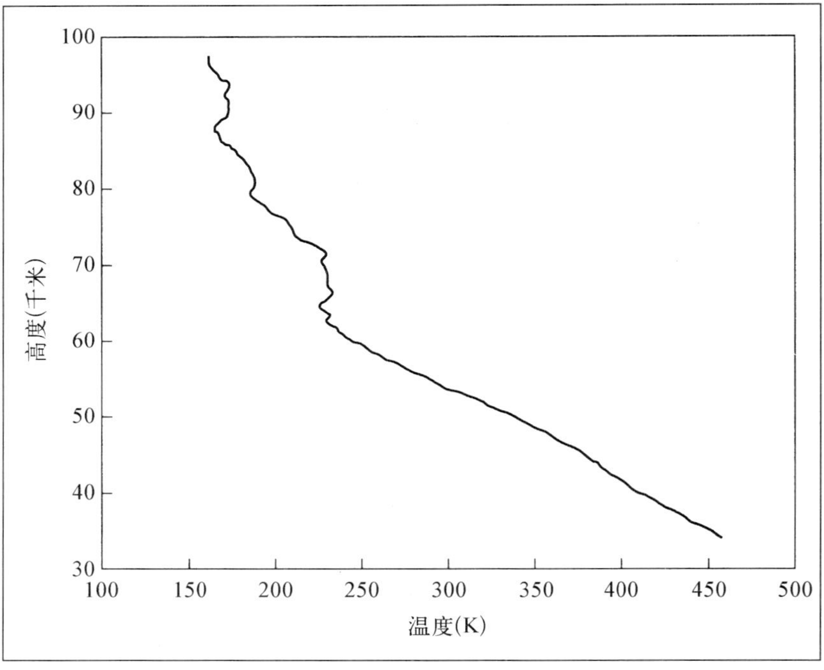

资料来源：乔·M. 杰肯斯（Jon M. Jenkins），1995年5月1日。

图4-4　金星的大气温度图

度。因此，金星的大气压大概是地球大气压的90倍。图4-4、4-5为金星大气温度和压力的变化数据，是1991年“麦哲伦号”测量的。

金星大气主要是云团和薄雾的混合物，它们存在于距行星表面18~50英里（30~80千米）的高空。它主要由3部分构成。离行星表面最近的是密度大致稳定的薄雾，主要在距离行星表面18英里（30千米）以下的区域内。接着就是最为明显的气流层，它相对较重，被严格固定在30英里（50千米）的空中，该云层主要由硫酸小液滴构成。最后，在中间云层之上是轻而薄的雾层，位于50英里（80千米）

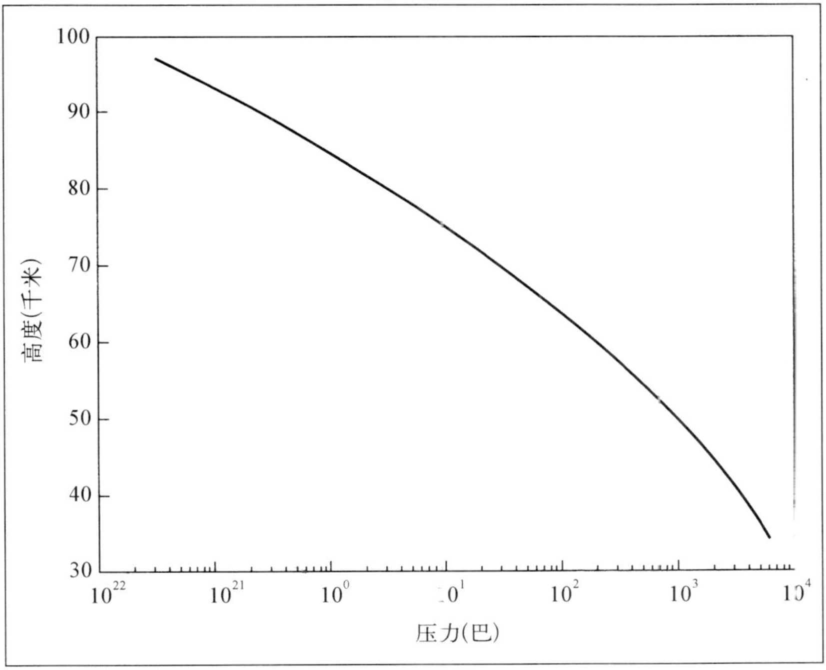

资料来源：乔·M. 杰肯斯（Jon M. Jenkins）1995年5月1日。

图4-5　金星的大气压力图

的高空。金星云层在不同高度的密度见图4–6。

通过地球和金星大气的比较可以启发科学家对于行星演变过程的认识。科学家们认为这两颗行星形成时有相似的结构。氢气、氦气和其他轻气体在它们形成过程中存在，但是可能在这两颗行星的生命历史中被太阳俘获。这两颗行星目前的大气主要是在火山喷发物和溢出物中渗气得到的。这种渗气作用将会向这颗行星的大气中释放出二氧化碳、水蒸气和氮气。科学家们认为从地球和金星内部逸出的这些气体的质量是大致一样的。

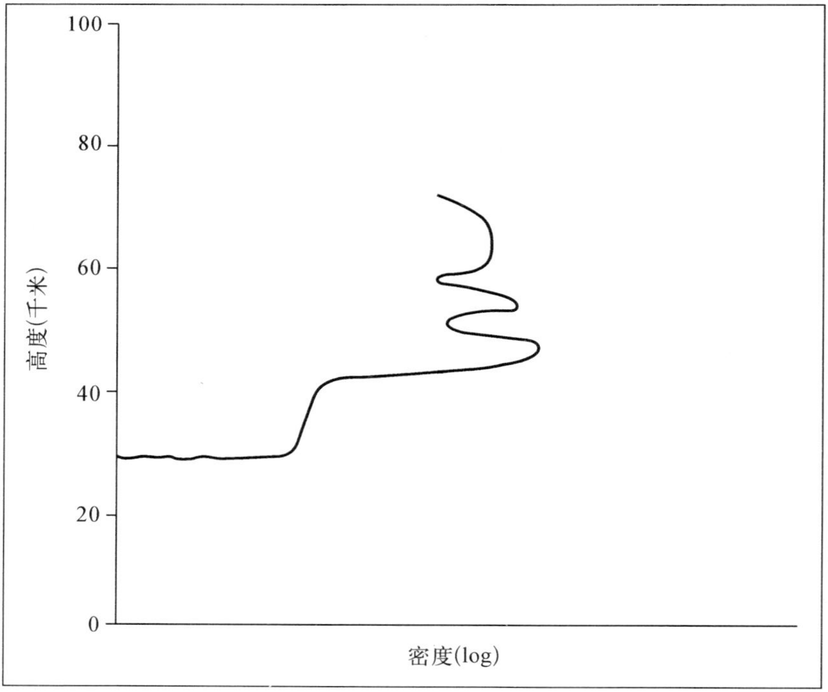

图4–6 金星的大气密度图

在地球上，大气中的二氧化碳由于长时间在水的催化下形成地壳表面的碳酸盐，其含量不断减少。生命在地球表面出现和繁衍的过程中，植物利用二氧化碳进行光合作用，水生动物将二氧化碳作为贝壳形成的重要原料，这些同样不断地消耗着大气中的二氧化碳。另外，地球的年平均温度足以使水蒸气凝结成水，从而导致了海洋的形成。因此，早期的地球大气中含有相当数量的二氧化碳和水蒸气。把岩石圈和海洋圈所消耗的二氧化碳和水蒸气考虑在内后，这两种物质的总量与金星的几乎一样。

但是在金星上，这两种化学物却面临着不同的境遇。由于距离太阳更近，金星的温度比地球要高得多，这阻止了液态水的形成而导致水蒸气逸入太空。在没有水蒸气的条件下，二氧化碳几乎不可能或者很难转化成碳酸盐。最终，从行星表面渗气得到的二氧化碳持续积累，直至如今的高浓度。

高温将大量的二氧化碳保留在大气中；反过来，二氧化碳又将热量存储在大气中。众所周知，二氧化碳是一种重要的温室气体，它能够吸收行星表面释放的红外线。金星和地球的大气温度根本的差异就是金星大气中高浓度的二氧化碳聚集了大量的热量。与之相比，地球大气中二氧化碳的浓度较少，其存储的热量要少得多。

事实上，金星目前的情况有时被描述为“温室效应”（runaway greenhouse effect）的结果。730 K（430℃）的大气温度并不仅仅是由于吸收太阳释放的热量造成的。事实表明，即使金星距离太阳更远，它仍然比水星的温度高。这颗行星所获得的额外热量主要是其大气中高浓度的二氧化碳造成的。

一些关于金星大气有趣的假设认为金星上可能存在生命。尽管金星的大气条件十分恶劣，特别是它富含硫酸云且没有水，大多数科学家仍认为那里有发现生命的可能。

在21世纪初期，一些科学家认为，某些形态的微生物能够在金星的大气环境下生存。得克萨斯大学的迪克·舒尔茨·马库克（Dirk Shulze Makuch）和路易斯·伊温（Louis Irwin）就属于金星微生物理论最强烈的支持者。得克萨斯大学的研究者们指出，金星上层大气中二氧化硫和硫化氢的含量相当，这一点可以证明金星大气中存在微生物。通常情况下，这两种气体能够互相反应。而它们能同时在地球上存在并保持平衡，只可能是由厌氧性细菌同时存在而产生的。

舒尔茨·马库克和伊温认为，微生物的存在也可能解释金星大气中一氧化碳浓度低的现象。他们认为，大量二氧化碳在闪电和太阳辐射的作用下分解，应该产生更多的一氧化碳气体。可能微生物参与其中，将一氧化碳作为它们新陈代谢的原料。他们期望欧盟太空组织“直达金星号”太空行动能提供额外的数据，以此判断金星上是否存在最简单的生命形式。

这些探索金星的一次次征途已经给出了有关这颗行星表面、内部结构和组成的许多信息。金星的总体结构和地球类似，具有一个由液态铁和镍组成的半径为2 000英里（3 000千米）的巨大核心。核心由熔岩构成的地幔包裹，地幔又由一层薄的固体地表覆盖。许多行星学家指出，金星最具特色的是它的火山（图4-7）。一位“麦哲伦计划”的研究者，查理斯·金恩斯（Charles Ginenthal），这样描述金星的火山：“每个人都说火星上的奥林匹斯

这是根据麦哲伦太空船传回的数据而模拟的金星的马亚特·蒙斯火山的图像，该山高5英里（8千米）。（美国国家航空航天局/图片研究者有限公司）

图4-7　金星火山模拟图

山（Olympus Mons）是太阳系最大的火山，但它不是，金星才是。整个金星就是一座大火山。”

金星表面的火山数量多得令人吃惊。美国国家航空航天局估计，金星表面有100万个直径在1 000米以上的火山中心。这些火山中有一千多座直径在12英里（20千米）以上。尽管许多火山已经死亡，但是大多数仍然在活动。它们喷出的气体就构成了如今的金星大气。

相对平坦的表面表明这颗行星上的火山仍在活动。尽管科学家能够很明显地找到很多火山地形的特征，如凹地、峡谷和表面裂缝，但是仍有80%的行星表面被平坦的凝固的熔岩覆盖。这一事实表明，在近期喷发的熔岩覆盖了那些原始的地貌。

作为一颗陆地行星，金星缺少流星撞击形成的凹坑，这也是火山存在的又一证据。这些凹坑可以在火星和水星上明显地看到；尽管在地球上不是那么明显，这些弹坑在地球的有些地方仍然清晰可见。然而，由于它们被众多火山喷出的熔岩不断填充和覆盖，金星上这样的凹坑却很难看到（正如科学家所言）。

科罗拉多大学大气和空间物理实验室的拉里·埃斯普斯托（Larry Esposito）报告的一组关于金星火山的数据，引起了科学家们极大的兴趣。根据哈勃太空望远镜得到的数据，埃斯普斯托发现，1995年金星云层顶部的二氧化硫的含量比1978年在“金星先锋探测器”（Pioneer Venus Orbiter）测得的含量少了约20倍。他将这些结果与20世纪70年代早期在该星球上测得的二氧化硫的含量进行了比较。那时该化合物在金星上层大气中的含量甚至比现在还低。

埃斯普斯托认为，这些数据的变化是由20世纪70年代发生在金星上的一次巨大的火山爆发引起的。他说，这次火山爆发至少和1883年印度尼西亚群岛的克雷克吐尔火山（Krakatoa）喷发的规模一样。埃斯普斯托指出，这种规模的喷发将产生大量的二氧化硫，最终进入金星的上层大气。然而，随着时间的推移，这些二氧化硫重新回到表面，转变成其他形式，如硫酸。这也最终导致20年间测得的二氧化硫浓度不断下降。

关于金星表面化学成分的数据来源很广。例如，行星表面温度过高，从而使它发射的能量在红外区能够被地球和绕金星运动的太空船检测。早在20世纪90年代中期，科学家们就根据地面仪器的测量发表了关于金星大气和离表面很近的区域的化学成分的报告。“伽利略”和“卡西尼”（Cassini）太空船各自在1990年和1998年飞越金星途中收集了数据，它们在波长为1 mm的电磁波区域内十分相似。

有关金星表面最直接的信息来自几架苏联的“维尼拉”着陆器，它们在被恶劣的天气损毁前进行了一系列的测量。“维尼拉”8、9、10、13、14号都成功登陆金星表面，而且都发回了关于其化学成分的一些数据。除了第一架探测器外，其他的还传回了这颗星球表面的图像。

关于金星化学成分最完整可信的数据由苏联的“维尼拉13号”、“维尼拉14号”和“织女2号”这3次太空任务提供。这些太空船都到达了金星表面并且进行了有关其表面所含元素和化合物的研究。在一次典型的实验中，着陆器上的工具钻入离行星表面1.2英寸（3厘米）的地方，取出了一颗体积为1立方厘米的样品。表4-3“金星表面的成分”列出了这3次任务中获得的数据，并给出了地球地壳的成分以供比较。可以看出，这两颗行星地壳的成分最大的区别在于二氧化硅（金星：45.6%，地球：60.2%）和氧化镁（金星：11.5%，地球：3.1%）的相对含量。除此以外，从地壳成分来看，这两颗行星可以说是名副其实的“姐妹星”。

对于金星大气中的物质和其表面矿石之间的相互作用，科学家们显示出了极大的兴趣。这颗行星表面所具有的高温高压加剧了这些相互作用，而在地球上却相对温和。科学家们已经研究了一系列的反应，这些反应将控制行星大气或表面成分形成和消耗的速度。所谓的“尤里反应”（Urey reaction）就是一个例子。

表4-3　金星表面的成分（表中数据为氧化物的质量分数）

氧化物	维尼拉13号	维尼拉14号	织女2号	地　球
SiO_2	45.1	48.7	45.6	60.2
Al_2O_3	15.8	17.9	16	15.2
MgO	11.4	8.1	11.5	3.1
CaO	7.1	10.3	7.5	5.5
FeO	9.3	8.8	7.7	6.0
K_2O	4.0	0.2	0.1	2.9
TiO_2	1.6	1.2	0.2	0.7
MnO	0.2	0.16	0.14	0.1
Na_2O	2.0	2.4	2.0	3.2

资料来源：引自Bruce Fegley, Jr.,“Venus”, Table 6, in A.M.Davis, ed., Treatise on Geochemistry. New York: Elsevier, 2004, 和戴维·R. 威廉斯,“Preliminary Mars Pathfinder APXS Results”, http://nssdc.gsfc.nasa.gov/planetary/marspath/apxs_table1.html.更多关于陆地数据的信息请参见泰勒（Taylor）、S. R. 和S. M. McLennan, 1985: 地壳（The Continental Crust）：它的组分和进化，布莱克威尔科学出版社（Blackwell Scientific Publications）, 1985。

尤里反应中，大气中的二氧化碳和地壳中的硅酸钙反应，生成碳酸钙和二氧化硅：

$$CaSiO_3 + CO_2 \longrightarrow CaCO_3 + SiO_2$$

尤里反应在地球上至关重要，因为它是消耗大气中二氧化碳的一种途径，从而影响气候的变化。在火星上可能也有类似的反应，同样控制着大气中二氧化碳的浓度。然而，直到如今还未发现火星表面存在碳酸盐。

科学家们研究的另一反应是大气中的二氧化碳与星球表面所含的铁和一氧化铁的反应。下面是一个关键的反应：

$$CO_2 + Fe \longrightarrow FeO + CO$$

然而，这个反应只能在当二氧化碳的浓度约为一氧化碳浓度的两倍时，才能发生。这种条件在几乎全为二氧化碳的大气中是不可能的。因此，金星表面上似乎也不可能存在纯铁。

1967年，在金星大气中发现氯化氢和氟化氢气体后不久，化学工作者们开始研究能够控制大气中这两种气体浓度、并发生在大气和表面之间的反应。其中一个假设是HCl和霞石（$NaAlSiO_4$）之间的反应，反应式如下所示：

$$9NaAlSiO_4 + 2HCl \longrightarrow Al_2O_3(g) + NaAlSi_3O_8(s)$$
$$+ 2Na_4(AlSiO_4)_3Cl(s) + H_2O(g)$$

当时，这个反应和其他假设反应存在的可能性都很难断定。问题是科学家仍然缺少足够的证据去建立关于行星表面和大气结构的模型、了解这两者所含有的成分之间的化学作用。正因如此，金星的研究者们才对于当前的“直达金星”计划十分期待。该项计划所得的数据将会提供许多关于金星大气的信息，这样科学家们就可以根据这些数据进一步完善现有理论，并对这颗行星的化学成分和发生的化学反应作出更多的假设。

哈勃太空望远镜

感谢我们的大气层！如果没有这层气体包围着我们的星球，人类也将不可能在地球上生存。但是我们的大气同样带来了一些不便，特别是对于那些对太阳系和宇宙具有极大兴趣的天文学家们来说，更是如此。那些被恒星释放或被太阳系的行星和其他天体反射的大量光波都被大气中的氮气、氧气、二氧化碳和其他气体分子所反射或吸收。从地球上的望远镜看这些恒星和行星仿佛就像隔着一块多年未清洗过的玻璃看东西。人们可以对"外面的世界"（the universe）有一个模糊的概况，但是却很难了解更多的详细情况。

将一架望远镜发射到绕地球运动的轨道上，可以很好地消除大气的影响。这样的想法在今天看来好像是理所当然的，但是在不久前这种太空望远镜的想法却十分荒唐可笑。20世纪中期的天文学家面临的最根本的问题是：怎样使望远镜进入太空？要知道，直至20世纪50年代中期，科学家们都没能将太空仪器发射到预定轨道。

当1946年太空望远镜的设想被提出来时，多少让人有点吃惊。这比第一批太空仪器离开地球还要早10年。就在那年，美国天文学家来曼·史匹哲（Lyman Spitzer，1914—1997）提出了一项太空望远镜的建设计划，和在地球上的仪器相比，它能更加清晰地观察行星、恒星和其他天体。

尽管史匹哲和他的一些同伴强烈建议建设一个轨道天

文学实验室，但是直到20世纪70年代中期，美国国家航空航天局与欧洲太空总署就设计、建设和发射一架太空望远镜达成协议，这个愿望才最终得以实现。两年后，美国议会为该工程提供了资金，主要委托洛克西德·马丁航空宇宙公司负责这项工程。6年后，计划者们决定以美国著名的天文学家爱德文·鲍威尔·哈勃（Edwin Powell Hubble，1889—1953）的名字为这架望远镜命名。哈勃发现所有的星系都在远离地球，并且其速度与它们到地球的距离成正比。由此证明，宇宙在不断膨胀。哈勃的研究极大地支持了宇宙大爆炸理论。

1990年4月24日，哈勃太空望远镜由“发现者”号航天飞机运载进入预定轨道，开始其工作生涯。当发现哈勃太空望远镜发回的第一张照片有缺陷时，天文学家们的热情几乎立即被浇灭。科学家们很快发现望远镜的巨大的镜片有问题。尽管这个瑕疵非常小（在239 cm的镜片上瑕疵为1.3 mm），但是已经足以造成拍摄到的图像发生变形。

为了避免因此浪费哈勃望远镜15亿美元的投资，天文学家们着手开始为该望远镜设计一个“矫正镜头”（corrective lens）。1993年12月发射的“奋进号”航天飞机执行任务期间，该镜头被安置在哈勃望远镜上。这个“矫正镜头”被称为矫正光学太空望远镜轴心置换器（COSTAR，for Corrective Optics Space Telescope Axial Replacement），耗资

5 000万美元。据测试，其工作十分出色。当"矫正镜头"安置成功后，哈勃望远镜开始正常工作，发回了外太空、星系、恒星、行星和其他天体的许多照片，远比地球上的仪器得到的照片清晰。

如今，哈勃望远镜完成了远比其他天文仪器出色的工作，这也大大超出了其发明者和操作者们的期望。每天，哈勃望远镜都发回3~5 G容量的数据，足以填满一台普通的家庭电脑。它已经完成了关于2.5万个天文目标、数量超过33万次的独立观测，包括恒星、星系、行星、彗星以及所有其他天文学上已知的天体。它为两千七百多篇科学论文提供数据，同时建造了一个容量超过7.3 T的档案库。这需要天文学家研究数年之久。

哈勃望远镜于2010年功成身退，一年后美国国家航空航天局新的"詹姆斯·韦伯"太空望远镜接替了它的工作。为了保证哈勃望远镜始终处在最好的工作状态，将有1~3次维修计划，由一艘航天飞机实施。许多天文学家认为哈勃望远镜2010年后仍然可以工作。他们肯定哈勃望远镜所取得的很多巨大的成果，并认为它仍可为天文学的发展作出出色的贡献。

关于哈勃太空望远镜更多的信息请见美国国家航空航天局（http://hubble.nasa.gov/）与欧洲太空总署（http://hubble.esa.int/）的相关网站。

火　星

几个世纪以来，火星激发了人类极大的兴趣。当金星长久以来被认为是地球的“姐妹星”时，火星就被科学家们认为是最有可能存在生命的星球，在将来的某个时间它也是最适合人类迁居的星球。

1659年，荷兰天文学家、物理学家克里斯汀·惠更斯（Christiaan Huygens，1629—1695）第一次科学地提出了有关火星结构的猜测。惠更斯制造了一架用于天文学观测的天文望远镜，这比以前的仪器精密将近50倍。他利用这架望远镜观测到了这颗行星表面上存在一个大的红斑点，后来被命名为“沙漏海”（Hourglass Sea）。现在我们知道他所观测的是一个西尔蒂斯大平原（Syrtis Major）。通过观察这个点随行星转动而发生的位置变化，惠更斯得出火星绕其中心轴每24小时旋转一周的结论。

1666年意大利天文学家乔凡尼·多美尼科·卡西尼（Giovanni Domenico Cassini，1625—1712）第一次发表了有关“白色斑点”（white spots）的报告。数年之后，卡西尼的侄子马拉尔迪（Giacomo Filippo Maraldi，1665—1729）指出，他叔叔第一次发现的白色斑点可能是冰块，就像在地球的南北两极发现的一样。

19世纪是一个众多天文学家和业余爱好者极力认识和观测火星表面特征的时代。天文学家总是报道模糊不清的观测资料。很多情况下，这些思考既反映了个人认识这颗行星上物质或现象的意愿，同样说明了他们所做科学观测的可靠性。

可能那个时期最著名的故事都聚焦于火星上是否真的存在“运河”。因为“运河”将是这颗行星上存在智能生命的有力证据。这些关于“火星运河”存在的猜想都来自一位罗马大学天文台（Roman College Observatory）的修道士、主管安吉洛·西奇（Pietro Angelo Secchi，1818—1878）所画的有关火星的地图。西奇将惠更斯第一次观察到的红色斑点叫做“大西洋运河”（Atlantic“canal”）。在描述中，他使用了意大利文“canali”，它的意思是“海峡”（channel），而不是“运河”（canal）。1877年，布雷西亚天文台（Brera Observatory）的主管斯基亚帕雷里（Giovanni Virginio Schiaparelli，1835—1910）为火星表面地貌特征的命名制定了一个新的系统，其中他仍然大量地使用“canali”一词。

很多不会意大利语的人都认为斯基亚帕雷里所说的是“运河”，而且它是由智能生命建造的。这样的译法在科学界和文学界都引起了大量的、关于火星上是否可能存在生命或曾经某个时间存在过生命的思考。尽管如今已经减弱许多，但关于火星上是否存在生命的争论仍在继续。

法国天文学家皮埃尔·朱利斯·詹森（Pierre Jules Janssen，1824—1907）和英国天文学家威廉姆·惠金斯（Sir William Huggins，1824—1910）于1867年第一次尝试了利用光谱方法来研究火星大气。然而，这两位科学家却没有检测出任何的元素或化合物。四十多年后，美国天文学家坎伯（W. W. Campbell，1862—1938）没能在火星大气中找到水蒸气，因此，他得出结论：这颗行星的大气密度远比地球的大气密度要轻。该假设在后来被证明是正确的。

事实上，1947年之前科学家们都没能利用光谱技术检测出火星大气中任何气体。在那年，荷兰天文学家赫拉德·彼得·柯伊伯（Gerard Peter Kuiper，1905—1973）发现火星大气中二氧化碳的浓度是地球大气中二氧化碳浓度的两倍。然而，甚至那时天文学家们都没有意识到二氧化碳在火星大气中的重要性，而都认为可能还有其他含量更大的气体。

帕萨迪纳市喷气推进实验室（the Jet Propulsion Laboratory）的路易斯·卡普兰（Lewis Kaplan，1928—1999）和其同事在1963年再一次利用光谱技术发现火星上存在水的重要证据。该小组报道了火星大气中水的数量可能是14±7 μm ppt。“可降水”（precipitable micros，单位μm ppt H_2O）是用来衡量当大气中所有的水蒸气全部凝结后，覆盖在火星表面所得到的水的深度。卡普兰小组检测得到的火星上水的总量还不及地球上最干燥沙漠中的水量的千分之一。

卡普兰和他后来的研究者们也发现了火星大气中水的含量有着判断火星上的位置和季节的功能。在冬季，火星大气中水的最高浓度接近500 μm ppt H_2O，而在夏季还不到10 μm ppt H_2O。两极的水的浓度最高，赤道最少，以至无法测得其数值。

天文学家们最终证实火星大气又稀薄又干燥。事实上，科学家如今知道火星大气的密度（大气压力）约为8毫巴（8 millibars），几乎为地球大气压力的1%。在这样的压力下，这颗行星表面任何开放区域中所含的水几乎都逃逸到大气中，再由大气进入外太空。

俄罗斯探测器“火卫—2号”（Phobos 2）1989年发现了一个令人吃惊的现象，火星如此稀薄的大气的质量仍以每秒1~2 kg这一惊人的速度下降。对像地球这样稠密的大气来说，这种质量的减少显得微不足道。但是，对于火星如此稀薄的大气来说，这就变得至关重要。

在20世纪60年代，空基天文台的运用为科学家们提供了一种新的有前景的远程收集火星大气成分数据的途径。美国和苏联的许多早期的飞行证实了更早的地面发现，并为先前计算过的变量提供了新的数据。例如，苏联的“火星号”和美国的“水手号”太空船都证实了火星大气中二氧化碳和水蒸气的浓度，其中“水手号”更证实了水蒸气在该星球表面的不同位置和不同季节的普遍分布。

空基天文台主要运用于测量地基天文台可能无法检测的火星上的一些低浓度的气体。在1969年，卡普兰和他的同事发现了火星上存在二氧化碳；它的存在和含量被同年发射的“水手6号”和“水手7号”太空船进一步验证。除了二氧化碳，“水手号”探测器也发现了在火星大气中存在由一氧化碳、水、离子化的氢和离子化的氧构成的云块。值得注意的是，他们没能找到氧气或氮气两种构成地球大气的主要气体存在的证据。部分由于这两种气体在地球大气中的重要作用，火星中氧气和氮气的角色长久以来引发了天文学家极大的兴趣。在1969年之前，许多学者都认为这两颗星球如此相似，因此它们的大气也应具有相似的成分。例如，1950年，火星方面的著名专家沃库勒尔（Gérard de Vaucouleurs，1918—1995）估计，与地球的大气一样，火星的大气主要有氮气（98.5%）、氩气（1.2%）、二氧化碳（0.25%）和氧气（不到0.1%）。

然而，关于火星大气中存在氮气唯一有力的证据来自“维京”着陆器（Viking landers）。它于1976年和1982年在火星表面收集了其大气的样品，并进行了有关其大气成分的一些定性的研究。这些实验的结果被公认为是关于火星大气成分最可信的证据。表4-4提供了这些数据的概要。值得注意的是，和很多代的科学家们的期望相反，氮气和氧气只占火星大气很小的比例，但是二氧化碳却超过95%的大气含量（和金星一样）。

表4-4 火星的大气成分

化学物质	含量	化学物质	含量
CO_2	95.32%	NO	100 ppm
N_2	2.7%	Ne	2.5 ppm
Ar	1.6%	HDO	0.85 ppm
O_2	0.13%	Kr	0.3 ppm
CO	0.08%	Xe	0.08 ppm
H_2O	210 ppm（变化）		

资料来源："Mars Fact Sheet"，参见网站http://nssdc.gsfc.nasa.gov/Planetary/factsheet/marsfact.html.

科学家们主要根据火星的密度3.93 g/cm^3，建立了其内部结构的相应模型。该密度明显比地球密度（5.515 g/cm^3）小，这表明金星含有较少的重金属，如镍和铁。关于这颗行星内部最被广泛接受的模型是，它有一个直径约为930~1 000英里（1 500~1 600千米）的中心核心，由纯铁、氧化铁和硫化铁的混合物构成。这颗行星的地壳厚度不超过60~120英里（100~200千米），组分和地球相似，主要包含大量含铁的硅酸盐。它的地幔在核心和地壳之间，厚度约为1 100英里（1 800千米）。地壳是由于地幔物质的外溢和冷却形成的，因此地幔和地壳的化学成分相似。

与火星的大气一样，在空基天文台未出现之前，科学家们就在不断地猜想火星表面的化学成分（图4-8）。例如，出生于德国的美国天文学家鲁珀特·怀尔特（Rupert Wildt，1905—1976），早在1934年就提出，火星表面显著的红色是由这颗行星表面的岩石含有的氧化铁造成。然而，直到20世纪60年代对火星表面所反射的光的光谱进行研究，观测到的谱线表明，至少存在两种铁的氧化物——针铁矿[FeO(OH)]和赤铁矿(Fe_2O_3)。

该岩石上的孔是由2004年1月4日登陆火星的“火星探险号”探测器(the Mars Exploration Rover Spirit)携带的磨削工具完成的。磨削过程展示了该岩石的内部结构，并得到了一份用于化学成分测定的样品。

图4-8　火星岩石“Humphrey”

最好的关于火星土壤的第一手资料来自两次太空行动：1975年发射的“维京”计划和1996年发射的“火星探路者”(the Mars Pathfinder)。“维京”计划的两架着陆器携带了X射线荧光光谱仪，用以分析土壤中可能存在的硅、铝、铁、镁、钙和其他重要的元素。但它们不能检测出氢、碳、氮、钠、钾或锰这些元素的存在。“维京”计划得到的结果概述在表4-5中。

表4-5　火星表面的化学成分(氧化物；质量分数)

氧化物	“维京1号”的数据	地球(地壳含量)	氧化物	“维京1号”的数据	地球(地壳含量)
SiO_2	43	60.2	CaO	5.8	5.5
FeO	16.2	3.5	MgO	6.0	3.1
Al_2O_3	7.02	15.2	TiO_2	0.6	0.7

不同来源的每一类准确数据都不尽相同。以上数据摘自Heinrich Wanke, The Geochemistry of Mars，参见：http://www.mpch-mainz.mpg.de/~kosmo/ members/waenke/opus.html.

关于火星表面的化学成分更加完整和有用的数据来自“火星探路者”的探测器索杰纳(Soujourner Rover)。它于1997年7月4日登陆火星表面。表4-6包括了有关在此次太空行动中从火星上采集的3份土壤样品(A-2, A-4, A-5)的数据,还有两份火星岩石样品——“藤壶嘴”(Barnacle Bill, A-3)和“瑜伽修行者”(Yogi, A-7),并对这些样品中发现的元素和地球岩石所含的元素进行了比较。

表4-6 火星表面的成分(元素;质量分数)

元素	火星土壤样品			火星岩石样品		
	A-2	A-4	A-5	“Barnacle Bill”	“YoGi”	Earth
O	42.5	43.9	43.2	45.0	44.6	46.7
Si	21.6	20.2	20.5	25.7	23.8	27.7
Fe	15.2	11.2	13.6	9.9	10.7	5.0
Mg	5.3	5.5	5.2	1.9	3.8	2.1
Ca	4.5	3.4	3.8	3.3	4.2	3.6
Al	4.2	5.5	5.4	6.6	6.0	8.1
Na	3.2	3.8	2.6	3.1	1.9	2.8
S	1.7	2.5	2.2	0.9	1.7	0.05
P	—	1.5	1.0	0.9	0.9	0.13
Cl	—	0.6	0.6	0.5	0.6	0.04
Ti	0.6	0.7	0.4	0.4	0.5	0.6
K	0.5	0.6	0.6	1.2	0.9	2.6
Mn	0.4	0.4	0.5	0.7	0.4	0.09
Cr	0.2	0.3	0.3	0.1	0.0	0.035
Ni	—	—	0.1	—	—	0.019

资料来源:“火星探路者科学结果”(Mars Pathfinder Science Results), http://mars.jpl.nasa.gov/MPF/science/mineralogy.html.

如图表所示，火星和地球岩石中氧和硅的含量相近，然而一些元素却相差很大。火星岩石和土壤样品中铁和镁的含量比地球岩石中要少得多。

火星有“火卫一”（Phobos）和“火卫二”（Deimos）两颗卫星，它们由美国天文学家阿萨夫·霍尔（Asaph Hall，1829—1907）在1877年发现。这两颗卫星分别在离火星表面3 720英里（5 989千米）和1.24万英里（约2万千米）的轨道上运行。它们的形状都不规则。“火卫一”形如一个三维的椭圆体。它形如土豆，在长、宽、高这3个维度上都不相等，分别为17、13、12英里（27、21、19千米）。据称，这两颗卫星起初都为小行星，后来由于受到火星引力场的影响才开始像人造卫星一样绕着火星运动。这两颗卫星太小，因此都没有大气。

利用地基天文台几乎不能得到这两颗卫星的任何信息。它们在天文望远镜中不过是微小的斑点，它们的光谱受到火星反射光的影响。

然而，关于这两颗卫星的有用的信息分别来源于1971年的“水手9号”行动、1976年的“维京”登陆行动和1997年的“火星探路者”行动。

所有这些行动都表明，这两颗卫星十分黑暗，对光的反射率约为0.06，也就是说它们能够反射的光仅仅是到达其表面光的6%。这两颗卫星的密度都很小，不到2 g/cm^3。这项数据非常重要，因为它表明这两颗卫星上几乎可以肯定存在水。

除此之外，不存在其他可能的原因使这两颗卫星的密度如此之低。但是，目前在这两颗卫星表面的任何测量都没有直接证实存在任何形式的水。“火卫一”和“火卫二”的表面布满了凹坑。“火卫一”上最大的凹坑斯迪克尼圆坑（the Stickney Crater），直径约为6英里（10千米），几乎是该卫星直径的一半。

阿萨夫·霍尔（1829—1907）

对那些在火星研究方面兴趣浓厚的天文学家来说，1877年是一个激动人心的时间。那时，这颗红色的行星处于近日点，与地球的距离最近。自上次火星处于近日点20年期间，科学家们在华盛顿美国海军天文台（the U. S. Naval Observatory）建造了一架新的26英寸（66厘米）折射式望远镜。这架望远镜的负责人，阿萨夫·霍尔（Asaph Hall）决定致力于找出火星是否拥有卫星。

当时，科学家们已经发现了木星、土星、天王星和海王星都拥有绕其运行的卫星。但没有发现金星和水星拥有卫星，考虑到它们离太阳太近，也不太可能发现其相应的卫星。火星可能没有卫星，至少当时还没发现。

1887年8月初，霍尔开始夜间搜寻火星的卫星。他进行了系统的工作，并搜寻了这颗红色星球可能出现卫星的区域。他以这种方式去研究火星表面，每个晚上都寻找着可能是一颗行星的微小物体。

一星期后，霍尔几乎要放弃了。他的观测太靠近火星的表面，但火星的光线使他很难发现围绕靠近火星的轨道运动的任何物体。在他的望远镜中，这些光十分强烈并且都不稳定，给霍尔的继续观测带来极大的困难。

他的妻子安吉琳·斯迪克尼·霍尔（Angeline Stickney Hall）鼓励他不要放弃。“再尝试一晚上”，她对他说。霍尔听从了妻子的建议，8月16日晚上，他观察到“火星附近的一颗微弱的星星”（a faint star near Mars）。但是，由于雾笼罩了天文台，他并没有长时间地研究这个物体。第二天晚上，他再次利用望远镜寻找这颗新“星星”。但是，前半夜的浓雾再次阻隔了他的视野。当能够清晰地继续研究时，他不仅发现了前一晚上的物体，而且还找到了第二颗“星星”——这颗行星的近地面卫星。第15卷《荷马史诗》中提到“他召集‘Fear’（恐惧）和‘Fight’（斗争），骑上他的战马”，后来霍尔就用希腊神话中火神的两支护卫队的名字为这两颗卫星命名，一个叫Phobos（意思是恐惧），另一个叫Demios（意思是斗争）。后来为了纪念霍尔的妻子，“火卫一”上最大的凹坑就被命名为“斯迪克尼”。

阿萨夫·霍尔1829年10月15日生于美国康涅狄格州。13岁那年，父亲去世，他离开了学校，找到一份木匠学徒的工作，成为家里唯一的经济支柱。他花了大量的时间自学。霍尔最终能够暂时进入大学，起初在纽约麦格罗维勒的中心大学（the Central College），后来在密西根大学学习。在中心大学，他遇到了他的未来妻子，同时也是他的数学老师安吉琳·斯迪克尼。霍尔夫妇一直在俄亥俄州当教师。1857年，霍尔接受了哈佛大学天文台负责人威廉·克兰奇·邦德（William Cranch Bond）的助手职务。他在哈佛最初的工资是一星期3美元，但是很快就升为一星期8美元。

1863年，霍尔离开哈佛担任雾滩（Foggy Bottom）美国海军天文台的教授，现在海军天文台属于华盛顿。他在天文台一直工作至1891年。一年后他的妻子去世，霍尔最终回到家乡。1907年11月22日霍尔去世。

除了发现火星的卫星，霍尔还在土星转动周期、土星的卫星轨道和其他很多双子星的性质等方面有重大贡献。霍尔被伦敦皇家天文学会授予金牌，荣获汉密尔顿大学、耶鲁大学和哈佛大学的名誉博士学位。1875年，他还被推选为国家科学院院士。

这个凹坑被卫星表面大量的凹槽包围，有些超过2 300英尺（700米）长，300英尺（90米）深。这两颗卫星的表面覆盖着一层和月球表面相似的1米厚的灰尘。

“火卫一”和“火卫二”表面的化学成分仍在争论之中。来自“维京”着陆器的实验数据表明，这两颗卫星表面存在的物质和在C－型小行星上发现的很相似。C－型小行星和一种碳质岩（carbonaceous chrondites）十分相似，这也是其名字的来源。这种碳质岩石是一种包含含水矿石和含碳化合物的陨石。这些结果后来被一系列研究所证实，包括1989年“火卫一2号”飞越月球表面的研究、哈勃太空望远镜和地面的光谱采集。但是在1997年“火星探路者图像器”得到的数据显示，这两颗卫星的化学成分可能比最初认识的更加复杂。新的证据表明，除了C-型物质以外，还发现了像D-型小行星的物质的存在。D-型小行星几乎不含有水，但是二氧化碳的浓度比C-型小行星高。

“火卫一”和“火卫二”的表面成分引起了天文学家的兴趣，至少部分由于它们能为了解太阳系的本质提供额外的信息。甚至有些人预期在将来这些信息可能有很重要的实际效用。有些人认为这两颗卫星可能含有能够转化为燃料的物质，这样它们就能为太空旅行提供燃料，在将来人类往返于火星和地球起到重要的作用。但是，目前由于还没有任何关于这两颗卫星的计划，这种假想的实用性仍存在问题。

在过去的半个世纪里，科学家们对于内层行星信息的了解在迅速增加。更好的地基望远镜、外太空望远镜的利用和这些行星飞行探索已经得到了大量的数据，涉及它们的大气、地表和某些内部结构和成分。大部分这些数据仍在分析之中，新的计划如火星勇气号探测器计划，将极大地丰富研究者们需要的数据。

五

外层行星

我们有时将太阳系分为两个部分：内层行星有水星、金星、地球和火星；外层行星包括木星、土星、天王星、海王星和近期才划入其范围的冥王星。有人可能会以为对于内层行星的物理化学性质的了解可能会有助于理解外层行星的类似性质，但是很不巧的是我们没有这种运气。两种行星在一些层面上相差甚远，这些层面往往涉及很基础也很重要的内容。

两种行星上很显著的差别是它们的大小。地球作为最大的内层行星，半径只有约7 926英里长（约12 750千米）。与此形成强烈对比的是海王星，在外层行星中，它是最小的一个，但也有长达3.08万英里（约4.95万千米）的半径。这相当于地球半径的12倍之多。实际上，木星能装下1 400个相当于地球大小的星球。

外层行星的组成也与内层行星相距甚远。水星、金星、地球和火星都是由密度约为5.5 g/cm^3的岩石类物质组成。然而，外层行星似乎包含着更多的气体物质，这也是这些行星有时候被称作气巨星（gas giants）的原因，而这些气体的密度，从土星的0.69 g/cm^{3}到海王星的1.54 g/cm^{3}不等。这些密度显示出外层行星最主要由氢气和氦气组成，也有大量的其他气体成分。

外层行星往往会拥有一定数量的卫星，例如（最近的一次数据中显示）有56个卫星绕着土星转，63个绕着木星，27个绕着天王星，13个绕在海王星身边。相比之下内层行星事实上拥有的卫星数量则少得可怜：水星0个，金星0个，地球1个，火星也只有2个。

外层行星发射任务

正如对内层行星的研究那样，科学家也是由从地球上望远镜的观察结果开始认识外层行星的。但从这些观测所得到的数据往往价值有限，因为外层行星离我们的距离远远超过内层行星。例如，木星离地球有4.3亿英里（约7.2亿千米），而地球离火星的最近距离只有3 200万英里（约5 600万千米）。20世纪60年代后发展起来的航天器的广泛应用也为我们提供了一种新的探索外太空的有用工具。今天的科学家手头能拥有广泛的关于外层行星的数据，也要归功于大量的瞄准一个或者更多行星的发射任务。

而这些发射任务中的首例当推1972年3月2日发射升空的先驱者（Pioneer）10号，它的发射任务是穿过中间的小行星带而到达环绕木星轨道，从而收集一些关于木星的磁场、辐射带区（radiation belts）、大气和一些内层区域的数据。在1997年3月31日完成这项任务以后，先驱者10号继续将旅程延续至太阳系的外层空间极限。此后它在太阳系的边缘和星际空间中传回数据，直到2002年的4月27日能源耗尽，探测器不能再向地球接收台进一步传输数据为止。

1973年4月5日，先驱者11号发射升空，它的任务单中还增加了其他内容，但先驱者11号的首要目的也是对木星的研究，正如先驱者10号一样。在1974年11月2日到达这个巨大行星的时候，它拍下了木星的大红斑，也搜集了很多数据。这些数据可以让科学家们计算出木星的几个月亮之一卡利斯托的质量。先驱者11号的航天探测器还研究了木星大气中的氢气成分和尘埃粒子，并确定了木星大气和地表的其他性质。先驱者11号圆满完成了它的木星之旅后，又围绕木星前后回荡，利用木星重力场对它的推进作用成功地到达了土星，它也从此成为有史以来第一个从土星搜集数据的航天器。

先驱者10号和先驱者11号都载有描绘地球生命的牌匾，希望并期待着浩瀚宇宙中找到能与之接触的其他生命形式，这些生命也能从中得知这些航天器源自何方，并对它们的创造者有一些了解。

瞄准外层行星的下一个发射任务则涉及两个航天器：旅行者（voyager）1号和旅行者2号，它们分别发射于1977年9月5日和8月20日。旅行者任务的首要目标是经过太阳系中两个最大的行星——木星和土星，同时搜集并传送关于它们的大气、内部区域组成和卫星的一些信息。旅行者2号开始时被设定为旅行者1号的支援角色，以防后者出现一些功能故障或者有一些重要发现需要第二个探测器在其后跟进研究。

旅行者2号的发射正值太阳系史上难得一遇的黄道吉日：在这时的4个外层行星（木星、土星、天王星、海王星）彼此之间达到一种精妙的直线排列，能让飞船得以一次性飞近它们中的每一站，也因此为科学家们提供了第一次亲密接触到最外层的行星的机会。旅行者2号的旅程中除了完成计划目标中的木星和土星外，还包括天王星和海王星。然而，使这个独特的旅行观察活动得以进行的必要条件，就是几个行星达成这种巧妙的排列，这种排列每隔175年才会出现一次，因此旅行者2号关于天王星和海王星所提供的数据对研究者来说一直具有十分特殊的价值。

两个旅行者飞船在1989年末完成其行星飞行任务，这时距离它们离开地球表面已有12年了。虽然它们的主要任务已经完成，但仍继续飞过海王星轨道，进入到最外层的太阳系。科学家们期望它们能继续飞行之旅从而一直传输回宝贵的数据，直到2020年或更晚的时候它们退休为止。两个航天器将致力于在太阳所能影响到的最遥远的地区收集数据，现在这个旅程一般称为旅行者星际任务。科学家希望能更多地了解太阳风层顶——即可以观察到的太阳能的影响最外层的地区，希望研究太阳风和太阳的磁场，也希望洞悉星际空间的自然性质状况。截至2006年底，旅行者1号距离太阳已有约93亿英里（150亿千米）的距离，而旅行者2号距离太阳也有约73亿英里（120亿千米）。

第五个顺路拜访木星的飞行器是1990年10月6日升空的尤利西斯（Ulysses），它的主要目标在于对太阳的研究。而为了取得达到太阳的轨道所必需的动力，它开始时是瞄准木星轨道发射的。当它环绕木星轨道运行的时候，利用了一种类似弹弓的效应，这种曾成功用于其他航天器的效应也为它增加了足够的能量，使它朝着太阳射回去，1994年6月，尤利西斯实现了目标轨道。尤利西斯在1992

年2月8日路过木星的时候，也顺路搜集了一些曾经被它的一些先行者捕获的关于木星磁场和木星大气中尘埃粒子的数据。

伽利略号航天器则是在1989年10月18日通过阿特兰蒂斯号航天飞机发射升空的。它的目的是到达环绕木星的轨道。它也是第一个进入外层行星轨道并环绕其运行的飞行器。在它向着木星飞行的茫茫旅途中，伽利略号路过了一个小行星区域，拍下了小行星加斯帕拉（Gaspra，1991年10月29日）、艾达（Ida）和达克泰耳（Dactyl，1993年8月28日）的出色照片。

伽利略号航天器在1995年7月接近其目标木星的时候，发射了一个探测器，这个探测器上带有能测量温度、压力和大气化学组成的仪器设施，而它的装备也具有分析云层特征、阳光和星球内部能量等诸多功能。这个探测器一直工作了59分钟，在这段时间里，它穿过了约125英里（约200千米）厚的木星大气，木星大气周围的压力足以使得它融化并汽化，最终与地球控制站失去联系。

与此同时，伽利略号继续着它向木星坠落的路途，直到它被这个行星的磁场捕获并于1995年11月7日到达环绕轨道。它在这个轨道上一直环绕了2年，在这段时间里，它发现了在木星云层之上的强磁场带，并将木星大气的一些组成成分确定在了一定的精度范围内。它在完成了使命后，脱离了原来的轨道并向木星表面坠落，在盘旋着接近木星的过程中，伽利略号飞过了木星的几个卫星，也拍下了几个木星月亮中的欧罗巴（Europa，1999年10月）和阿玛尔忒亚（Amalthea，2002年10月）的照片。2003年9月22日，伽利略号终于穿入了木星的内层大气并陨毁。在它的众多成就里，伽利略号找到了21个新的木星卫星，将环绕着这个巨大的行星的卫星数量增至61个（2007年初达到了63个）。

最近的一次向外层行星发射的飞行器是卡西尼-惠更斯（Cassini-Huygens）号。它是美国航空航天局和欧空局（ESA）的联合产品。它于1997年10月15日从肯尼迪航天中心发射升空。土星是它的首要目标，但是为了得到足以支撑其完成这个长途旅行的能量，它的航程首先是金星。它在1999年6月24日荡过金星轨道，并于1999年8月18日环绕地球航行，在这里它掉头转向土星。它此后的旅行则带上了从两个内层行星环绕过程中所获取的双重弹弓效应能量积累。

卡西尼-惠更斯号航天器包括两部分：卡西尼是轨道飞行器部分，这部分的设计目的在于实现环绕土星的轨道；而惠更斯则是一个太空探测器，设计它是为了使它能够释放到土星月亮（即泰坦）中的大气中。美国国家航空航天局主要负责建造卡西尼轨道飞行器，而欧空局则负责惠更斯探测器部分。

在卡西尼-惠更斯号向土星飞行的旅途中，它路过了小行星马瑟斯基（Masursky，2000年1月23日）和木星（2000年11月30日）。2000年6月初，它路过了土星最外层的一个月亮费贝（Phoebe），它在那里拍了照并搜集了一些数据，这些数据涉及一些新的重要细节，这些细节资料有待于揭示这个月球的起源。该航天器于6月30日如期到达土星大气，与此前任何太阳系探测器相比，卡西尼-惠更斯号传回的天文照片是最为惊人的。2004年10月25日，惠更斯探测器从卡西尼号上脱离，在环绕泰坦轨道上走了21天才最终穿过泰坦的大气并坠落到它的地表。而卡西尼飞行器则会留在环绕轨道上直到2008年6月30日。

最后一个有待探测的行星一样的物体是冥王星。自从它在1930年被美国天文学家汤博（Clyde Tombaugh，1906—1997）发现以来，冥王星一直被公认为是太阳系九大行星中的一员。但是，到了2006年8月，国际天文学联盟（the International Astronomical Union）建立了一套判别行星的新标准，而冥王星并不满足该标准的要求，它现在被重新定位为一个矮行星。尽管冥王星有了一个新的称号，但天文学家对它的化学成分和物理性质仍兴趣不减。天文学家们为此而动用了包括哈勃太空望远镜（HST）和红外天文卫星等地面观测站，从而得到了关于冥王星的一套公平可靠的信息。美国国家航空航天局的新地平线号航天飞行计划有待于提供关于这个奇诡而神秘的星体更多细节信息，新地平线号探测器在2006年1月19日发射升空，它将于2015年驶近冥王星和它的卫星查农。

新地平线号探测器在完成对冥王星及其月亮的观测任务以后，渐行渐远，一直行驶到一个包含冥王星在内的海王星以外的空间——柯伊伯带。柯伊伯带包含了7万多个直径长达六十多英里（约一百多千米）的星体，直到20世纪90年代初期才发现，至今科学家们对其中星体的物理化学性质和运行轨道的特性仍然知之甚少。而人们对于柯伊伯带的兴趣也随着2002年外太阳系最大的非行星天体的发现而与日俱增。这个大天体被命名为夸奥尔（Quaoar），这个称号来源于北美土著的创造之神的名字。夸奥尔有约800英里（约合1 250千米）的直径，它的体积是冥王星的一半。它在距太阳42个天文单位远处沿着一个近乎精确的圆轨道绕太阳运行。海王星的轨道离太阳有30.22个天文单位，而冥王星的轨道距太阳有39.83个天文单位。图5-1列出了外层行星与夸奥尔的轨道相对大小。

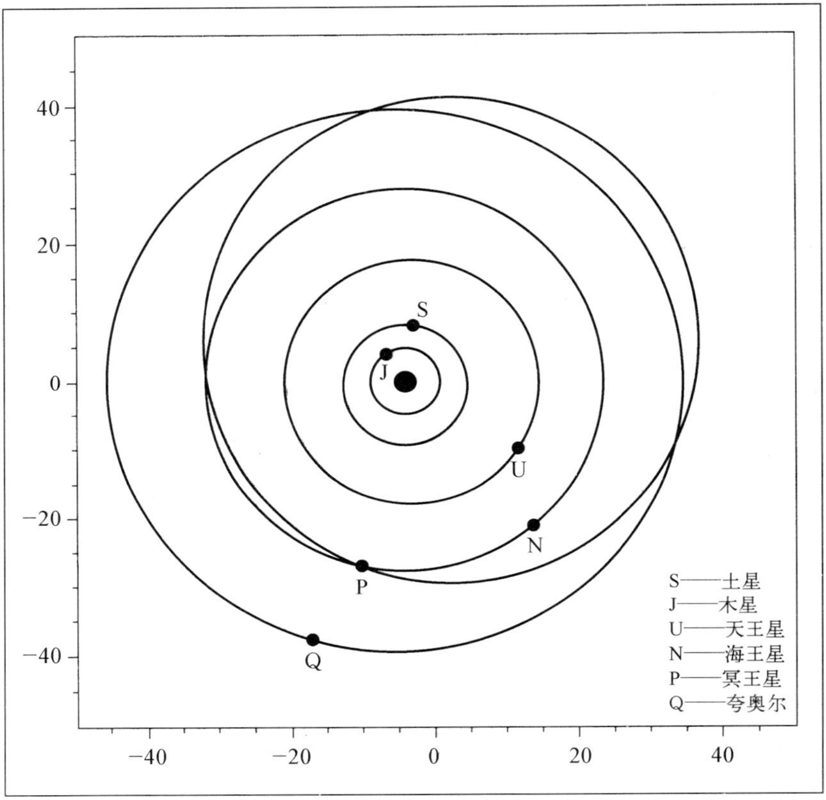

图 5-1　夸奥尔与外层行星轨道比较

木　星

除了太阳以外，木星就是太阳系里最大也是最亮的天体了。它的半径长达44 325英里（71 492千米），是地球的11倍。它的漫反射系数是0.51，而地球仅有0.4。它的体积足够容纳1 300个地球大小的行星，而它的密度和其他外层行星一样很低，仅为1.33，木星的密度比地球密度的1/4还小。

木星的化学组成与太阳近似，包括约81%的氢和18%的氦。实际上，只要木星仅仅扩大50~100倍，它就足以庞大到可以使热核反应发生，从行星脱胎换骨进而跻身于恒星的行列。

木星的一般性质我们早已熟知。与内层行星不同的是，它的外层大气和内层地核、地幔和地壳之间并没有一个明显分界线。相反，木星化学成分包括元素、化合物和其他种类的化学组成，这些组成通常状况下为气态，而接近行星中心的地方，它们会以液态甚至是气态的状态存在。正如图5-2所示，该行星的最外层地区，也就是在

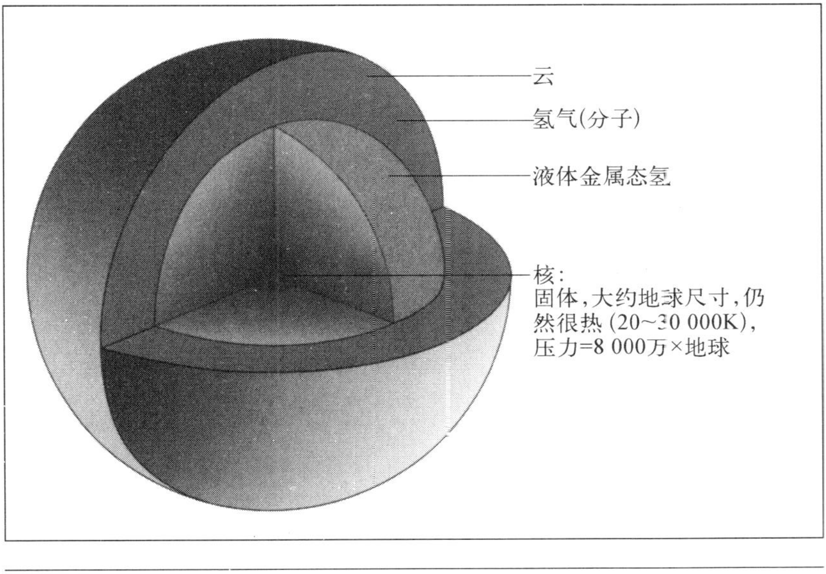

图5-2　木星的结构示意图

地球上可见的“大气”的气体云层中，包含了氨气、甲烷和水蒸气组分。云层内的压力约为一个大气压，温度约为165 K（约100℃）。

云层的正下方是一个主要由分子氢和氦组成的区域，它的密度随着云层深度的增加而增加。在这个区域的上层，氢和氦主要以气体的状态活动；而在下层区域，它们的活动则基本上是液体形态了。在约1.1万英里（2万千米）深的地方，压力和温度变得相当高，以至于氢气原子电离成质子和电子的状态存在，这种状态也被称为金属氢。区域上层的密度约为1 g/cm^3，而到了下层，密度值就接近于4 g/cm^{3}了。

5. 艾伦·斯特恩（1957—　）

天文学研究方法已经发生了天翻地覆的变化。曾几何时，在杰拉德·柯伊伯（Gerard Kuiper）时代，研究者们仅仅通过守在望远镜旁收集数据并破解其中含义就可以实现伟大的发现。在今天，这种方式所达到的个人成就依然是可能的，但越来越多的时候，重大发现往往源自天文学家和其他方面的科学家共同工作结晶，有时候参与研究的人数达数十甚至于数百。比如说，在新地平线号冥王星–柯伊伯带探测任务中，美国国家航空航天局计划发射一个航天器到冥王星和柯伊伯带。航天器需要沿从地球到太阳系的外层边缘的预定轨道行驶，过程持续达9年之久，其间误差幅度要求极小甚至根本不允许误差的存在，从而能够使得一系列重大发现得以完成并且能够将其数据丝毫不差地传递到地球控制站。这样一个探测器的设计所需要的大量工作的确令人咋舌，而负责组织和监督这种工作的主管也当之无愧地拥有了现代天文学领域里最苛刻的职位之一。在新地平线计划中的这个人物就是S.艾伦·斯特恩（S. Alan Stern），他是新地平线计划主要研究者和位于科罗拉多州玻尔的西南研究所的航天部研究主任。

S. 艾伦·斯特恩1957年11月22日出生于路易斯安纳州的新奥尔良。他1978年获得物理学理科学士学位，1980年获得航空航天工程理科硕士学位，1981年获得州大学天文学学士学位，1989年由美国科罗拉多大学授予天体物理学和行星科学博士学位。他的第一个专业课题是在1979年和1980年美国国家航空航天局的约翰逊航天中心暑期实习时做成的。后来，他先后担任马丁玛丽埃塔航空航天公司（1982—1983）的系统工程师和美国科罗拉多大学的大气和空间物理实验室的航天器/仪表工程师（1983—1986）。1986年，他被任命为美国科罗拉多大学空间科学和技术办公室主任助理，后来又被提升为该大学副总管的研究助理。

1988—1991年，斯特恩担任了空间与地球科学政策研究中心的研究员，1990—1991年担任了大气和天体物理学和太空天文学实验室研究助理。1991年，他加入了美国西南研究所，该研究所是一个独立的、非盈利性的应用研究和开发组织，总部设在得克萨斯州圣安东尼奥。1991—1992

年，他在该研究所设在科罗拉多州玻尔的空间科学系里担任首席科学家，1992—1997年任部门经理，1998年任部主任。2002年，斯特恩任美国科罗拉多大学全职教授，同时辅助天体物理学和行星科学部。

斯特恩的研究包括南极点、多项大型天文观测站项目、上层大气上高绩效军用飞机等多种领域。他感兴趣的领域包括航天器交会理论、陆地极地中层大气云层、银河系天体物理学和脆弱的卫星大气压等。他一直在一些空间项目中任首席调查主任，其中包括欧洲空间局的罗塞塔/爱丽丝极紫外谱仪实验（一个研究46 p/维尔塔宁彗星的项目），两个航天飞机项目、3个空降研究项目、两个火箭研究项目。1995年，斯特恩被选中成为航天飞机任务专家。

斯特恩曾供职于多个负责制定和执行美国太空政策的委员会，其中包括斯隆基金会的太空政策研讨会，1990—1993年美国国家航空航天局月球探测的科学工作组；1991—1994年美国国家航空航天局外行星科学工作组（主席）；1992年的哈勃太空望远镜行星望远镜分配委员会（主席）；美国国家航空航天局的1994—1995新千年科学工作组；美国国家航空航天局的2000年外太阳系高级测量团队。他参与写作了一百五十多个技术文档和50篇广受欢迎的文章，出版了两本书：《挑战者号之后的美国太空计划》（*The U. S. Space Program after Challenger*）（1987）和《冥王与查农：太阳系破烂边缘上的冰雪世界》（*Pluto and Charon: Ice Worlds on the Ragged Edge of the Solar System*）（1997）。此外，他还主编了3卷技术文章和3本科学论文集。

组成金属氢壳层的质子和电子可以无拘无束地自由穿梭，同时产生了穿越这段区域的电流。这种电流被公认为是木星磁场的重要来源。据估计，金属氢壳内的温度会达到1万K，压力也会是300万个大气压左右。

木星的地核在深入到其内部2.4万英里（3.8 万千米）处，这里离木星的外边界共有约3.6万英里（5.8 万千米）。木星地核直径约1.5万英里（2.4万千米），被认为由固态的氢和氦构成。其温度估计约2万K，而其压力约为5 000万~8 000万个大气压。

木星最明显的视觉特征是表面有一些明暗分明的带状区域，这些带子一般被称为“带”或“区”。它们是由平行于木星赤道吹动着的氨气云所造成的。在北纬15°和南纬15°之间，云层的运动和木星的自转在同一个方向，是从西向东的，其时速约100米/秒（200英里每小时）。而在南纬和北纬15°~45°之间的地区，它们往往向反方向，即从东到西运动，速度约为赤道风的一半。在纬度高于45°的地方，风势似乎大都成了强弩之末，木星“脸”上的这个部分的带状特征也随之消失了。

木星的另一个显著特征是它“脸”上的大红斑。这块近圆形区域直径约有2.4万英里（4万千米）。这块红斑300年来就一直可见，它被认为是由强烈的气旋（逆时针方向的风）所造成的。

1995年释放入木星大气的伽利略号探测器具有极其重要的意义，因为它提供了关于木星的理化性质的首例现场测量资料。基本上，此前所描述所有的特征都是来自地面站的观测，来自在星球天空中成千上万千米高处飞行的航天器，来自关于该星球的理论模型的计算。伽利略号探测器所转发的数据提供了一个可以检验该模型和先前收集数据准确性的途径，并提供了关于木星理化性质的一个新的广泛的数据资料来源。

伽利略号探测器的首次发现之一便是木星大气中云的稀缺。这个探测器上的散射浊度计（一个通过测量在大气中散射的光强从而测量云团中物质存在的一种设备）在它经过的区域中发现了几缕轻薄的云雾。它分别在0.5巴和1.3巴的高度上发现了两缕这种云雾，在1.6巴处发现了一层更轻薄的云层，并在4巴处发现了一些随机分布的粒子。

（巴是一种测量气压的单位，1巴相当于地球海平面处的大气压大小。巴经常用于表示木星、土星和其他一些行星的大气中的位置高度。这个数值很低时，例如0.1巴，代表大气中的上层区域，而这个数值很高时，例如100巴，代表下层位置。一个测量结果中的巴值越高，其所在的大气层高度就越低。）

这些稀薄云层的组成看来很稳定，据早期推测，其中含有氨冰（0.5巴）、硫氢化氨（NH4SH）冰（1.3巴）和水冰（1.6巴）。

此外，伽利略号探测器在其下落经过的区域里还测量了该处的温度，测的值总的来说还是在预先估计范围内的。它还携带有一个能测量闪电放电的设备（类似于一个简单的调幅电台），科学家们原先期待能够观测到一定量的闪电。科学家们所预计的木星大气中的潮湿多风的状态正常应该会产生闪电，其机理应该与地球大气中大团水汽碰撞产生闪电的情况类似。然而，在伽利略号探测器坠落的过程中，尽管的确在它路径较远距离（几乎与地球直径相当）的地方发现了显著量的闪电，在这个区域却没有探测到任何闪电的迹象。

总之，探测器下落经过的地区比科学家们所预想的要干燥并且明显少云，尽管风速与预测的数值有一定的可比性。这个结果可以被地面上对它从轨道释放后所走路径的观测结果部分解释，后者指出，该探测器所降落的这个区域是众所周知的5微米热点。这类热点圆筒形区域使星球内部产生的热量得以逸散到外层大气中。它们的5微米热点的大名，指的是它们发出辐射的主要射线类型——5微米波长。

随着热量从一个热点中逸散出去，大量的低温干燥的气体这时也通过一类过程下降到星球的内部，这种过程称作下降流。科学家们认为，这种下降流正是使得氨气、水和其他本应在外层大气中找到的化学组成变得无影无踪的罪魁祸首。这一理论在解释探测器最后几分钟弥留之际的观测结果时，在一定程度上可以被证实：在它停止运转前，探测器报告表明出现了浓度激增的水、氨气、硫化氢和其他化学物种。如果这时探测器接触到的是下降流区域的底部，那么这个结果应该是在人们意料之中的。

也许是幸运，也许是不幸，伽利略号探测器降落时闯过了木星大气中一个总体结构和组成并不一定典型的区域。哪怕降落位置在几千千米外，它也许就能发现一些迥然不同的情况，可能与我们对这个星球期待的潮湿、多云、多风的状态相仿。

除了测量温度、风速和大气压，伽利略号探测器还记录了它穿过的木星部分大气中化学组成的精确测量结果。这些数据的重要性不仅在于它描画了一张关于木星的肖像图，还在于它也揭示了木星一直进行的一种进程，而这一进程太阳系其他成员也许也会参与其中。一直以来科学家们坚信，木星的化学组成与太阳的组成相似，其元素丰度大小的差距也许会提供揭示太阳系形成以来成长历程的一些蛛丝马迹。表5-1列出了伽利略号探测器和其他测量木星大气层的设备所记录的不同种类化学物质丰度的最佳估计值。

表5-1　木星上层大气中各种化学成分的丰度（每体积计）

种　类	丰　度	种　类	丰　度
氢气	0.86	硫化氢	77 ppm
氦气	0.136	氖	20 ppm
甲烷	0.001 8	氩	16 ppm
氨气	0.000 7	氘化氢	15 ppm
水	>0.000 5	磷化氢	500 ppb
氘代甲烷	300 ppb	氙	0.76 ppb
氪	7.6 ppb	锗烷	0.6 ppb
一氧化碳	0.75 ppb	砷化氢	0.2 ppb

资料来源：F. W. 泰勒（F. W. Taylor）等，《木星大气层的组成》（*The composition of the Atmosphere of Jupiter*）；弗兰·巴格纳尔（Fran Bagenal），蒂莫西·唐宁（Timothy Dowing）和威廉·麦金农（William McKinnon），《木星：行星，卫星和磁层》（*Jupiter: The Planet, Satellites and Magnetosphere*），第4章，纽约：剑桥大学出版社，2004年。

搜集木星大气化学成分的数据是伽利略号探测器计划的关键目标之一，因为这些数据提供了洞察太阳系早期历史的最佳视角。天文学家现在相信，太阳系是由一大团气体和尘埃组成的云团中孕育出来的。云团中包含75%的氢和24%的氦，形成之初它很不稳定，因而开始向自身内部坍缩。尘埃和气体受重力作用而互相挤压，进而形成了一个巨大的球体并开始旋转。

随着越来越多的物质被吸收进这个球团，它旋转的速度也越来越快。不断增加的自转速度又反而影响这团物质的整体形状。它开始从一个球体变形为扁球体，进而形成了一个碟盘形，也就是众所周知的太阳星云。

迄今为止，最大量的尘埃和气体最终都走到了这个旋转的巨大碟盘的中央核心区域。这个区域的重力足以使核心加热到发生热核反应的高温，这个核心也就从此开始了它的恒星生涯，成为太阳。在这个碟盘的遥远一点的地方，在一些地区较小量的物质以一种称为材料堆积（将尘埃和气体聚集到一个整体）的方式逐渐累积。在这些地区重力从来没有达到能够发展出一个原恒星的强度。相反，这些新的机体形成了微星，它们是行星的初级阶段，它们中的一些现在仍然存在。在众多微星之中，形成木星的那一团应该是最有前途发展成为一个恒星的。微星演变成行星不仅是气体和尘埃从原始的太阳星云中坍缩的结果，而且也是较小的成员（例如彗星和流星）与成长中的行星碰撞的产物。

成长中的行星的化学组成很大程度上取决于它们距离太阳的远近。内层行星吸收了足够的太阳能，足以除去其中的大部分氢、氦以及其他构成最初组成的轻元素和化合物。只有那些密度大一些的物质，例如铁和硅，才能幸存下来。正如我们在第四章中所讨论过的，内层行星的一般结构包括一个高密度的铁核，环绕着由硅酸盐类物质构成的地幔和地壳。外层行星能够得到的太阳能就少得多了，一般来说，它们也就保留了襁褓时期的氢和氦。实际上，它们距离太阳遥远的距离，足够使这些元素凝结成液体甚至气体状态。

太阳系赖以形成的早期太阳星云中的物质如今已经所剩无几。例如，随着核聚变中氢转变成氦，太阳的组成已经发生了沧海桑田的变化。基本上原始太阳的所有的氘现在都在这样的反应中耗尽了。（伽利略号探测器中的几个装置之一便是用来测量木星大气中氘的丰度以和太阳大气中的丰度比较）太阳辐射、内部重排、火山活动、除气作用和其他现象都有效而显著地改变了内层行星的外表和组成，但是木星很大程度上仍然保留着它46亿年前太阳系形成时的模样。

伽利略号探测器的一些装备设计就是为了检测木星和太阳大气中现存各种化学成分的丰度。其中之一的氦丰度探测器，就是专为测量木星大气中氦的数量而设计的。它发现，氦与氢的比例（He ： H）是0.157，太阳中该比例为0.81。为什么与太阳相比之下，木星大气中的氦却如此稀少呢？

现在，天文学家相信，氦拥有氢两倍的密度，也更易于从一个星球的外层大气中坠落到它的地核中。如果我们能够在低温的富氢溶液中穿行，也许同时也能够探测到一场由氦雨滴组成的潇潇烟雨。氦雨滴和氢是不互溶的，从而能够从“天空”中顺利飘落，这里的“天空”也应该是该行星的外层大气。

这个模型或许也能解释木星大气中氖的枯竭。伽利略号探测器上的中性质谱仪（GPMS）在太阳大气中检测到了约0.1的氖的丰度值。或许，正如研究者们所假想的那样，氖当氦雨滴在大气中形成时就溶在其中，然后随之坠落入木星内部。正因为氦和氖并不像氦和氢那样完全不混溶，这种现象也应该是可能的。

相比之下，另外3种惰性气体（氩、氪和氙）在木星大气中的丰度就比太阳中的要高得多了。那么，这3种密度如此高的气体又何以仍滞留于木星的外层大气中，而不是弥散到星际空间中呢？对于这个问题尚未有令人信服的回答。但是一些研究者们认为，木星或许一度离太阳更远，只是最近才换到了较近的轨道上。这样，一段时期内这3种惰性气体才能够被冰冻从而成功躲避了逸散到外太空中的命运。

正如早期关于星云的数据记载所显示的那样，有些化学组成的丰度在伽利略号探测器所穿过的区域中变化多端。在它进入木星大气时，探测器上的质谱仪检测到极其微量的硫化氢、氨和水，而随着它继续下落，所找到的量却多了起来。例如，探测器接触到大气最深处的时候，中型质谱仪探测到的氨气丰度近乎太阳的4倍，在更深处，它发现的硫化氢丰度是太阳的2.5倍。虽然水的丰度二者相仿，但是从大气最外层空间处的极低值到深层区域里的明显高数值的变化，在太阳的大气中却从未发现。

在伽利略号完成这次任务时，它自己也在木星的深深大气中坠毁，任务完成的极其出色而成功。虽然它仅仅穿过了不到0.1%的木星大气，但它比其最初设计多坚持了近50%的时间，也成功地走完了它最初设计的两倍远的路程。

木星的月亮

在伽利略号探测木星大气时，伽利略号轨道飞行器继续着它的任务，一共环绕木星35圈。虽然最初计划中它只要环绕11圈，但这个任务最后完成得是如此成功，地面控制又决定将它环绕木星的旅途增加了24圈。这几圈中最出人意料的发现之一便是发现了木星的21个新卫星，将木星的月亮数目增至61个（近期又发现了两个月亮，在2006年终将总数增至63个）。航天器除了围绕着木星飞行以外，还有24次飞近木星的4个最大卫星：欧罗巴（Europa）、伊奥（Io）、卡利斯托（Callisto）和加尼美德（Ganymede）。这4个月亮有时被称作伽利略月亮或伽利略卫星，因为它们在1610年被伽利略·伽利莱首次发现。表5-2总结了伽利略号几次飞近木星月亮的经过。

表5-2　伽利略号飞近木星月亮记录

环绕轨道数	目　标	日　期	海拔高度
0	伊奥	1995年11月7日	558英里（897千米）
1	加尼美德	1996年7月27日	519英里（835千米）
2	加尼美德	1996年9月6日	162英里（261千米）
3	卡利斯托	1996年11月4日	706英里（1 136千米）
4	欧罗巴	1996年11月19日	430英里（692千米）
5	无		
6	欧罗巴	1997年2月20日	364英里（586千米）
7	加尼美德	1997年4月5日	1 928英里（3 102千米）
8	加尼美德	1997年5月7日	996英里（1 603千米）
9	卡利斯托	1997年6月25日	260英里（418千米）
10	卡利斯托	1997年9月17日	333英里（535千米）
11	欧罗巴	1997年11月6日	1 270英里（2 043千米）

续 表

环绕轨道数	目　标	日　期	海拔高度
12	欧罗巴	1997年12月16日	125英里（201千米）
13	无		
14	欧罗巴	1998年3月29日	1 022英里（1 644千米）
15	欧罗巴	1998年3月31日	1 562英里（2 515千米）
16	欧罗巴	1998年7月21日	1 140英里（1 834千米）
17	欧罗巴	1998年9月26日	2 226英里（3 582千米）
18	欧罗巴	1998年11月22日	1 411英里（2 271千米）
19	欧罗巴	1999年2月1日	894英里（1 439千米）
20	卡利斯托	1999年5月5日	821英里（1 321千米）
21	卡利斯托	1999年6月30日	651英里（1 048千米）
22	卡利斯托	1999年8月14日	1 429英里（2 299千米）
23	卡利斯托	1999年9月16日	654英里（1 052千米）
24	伊奥	1999年10月11日	380英里（611千米）
25	伊奥	1999年11月26日	187英里（301千米）
26	欧罗巴	2000年1月3日	218英里（351千米）
27	伊奥	2000年2月22日	123英里（198千米）
28	加尼美德	2000年5月20日	502英里（809千米）
29	加尼美德	2000年12月28日	1 452英里（2 338千米）
30	卡利斯托	2001年5月25日	86英里（138千米）
31	伊奥	2001年8月5日	120英里（194千米）
32	伊奥	2001年10月16日	114英里（184千米）
33	伊奥	2002年1月17日	63英里（102千米）

环绕轨道数	目 标	日 期	海拔高度
34	阿曼尔提亚（Amalthea）*	2002年11月5日	99英里（160千米）
35	木星	2003年9月21日	接触

* 阿曼尔提亚（木卫五）是在伊奥轨道以内的4个小月亮之一。伽利略号在它坠入木星大气前最后一次环绕航行时拜访了它。

资料来源：喷气推进研究实验室，“伽利略号的木星任务”（Galileo Mission to Jupiter），网址：http: www. jpl. nasa. gov/news/fact_sheets/galileo.pdf.

伽利略号飞行器传回了4个卫星以及木星本身的壮观的照片，也传回了大量关于它们的结构、组成的新数据。

伽利略卫星中最遥远的要数卡利斯托（Callisto）了，它的轨道距离木星表面1.883×10^6千米。它是木星的第二大月亮，它的半径约为1 500英里（2 400千米）。天文学家们一直认为卡利斯托极其索然无味，但是伽利略号传回的信息并不支持这种看法。它的首次发现之一便是卡利斯托地壳下存在一个由盐水构成的液体海洋的证据。在路过卡利斯托时，伽利略号发现了一种奇异的电流，它既不能用大气粒子解释，因为它实在是太微弱了；也不能用地壳运动解释，因为地壳中很大程度上所含的是不导电物质。最简单也最可能的解释就是，这种电流是由卡利斯托月亮表层下的某处液体流动所引起的。

当对这个月亮再次拜访时，它搜集了关于这个液体世界的更多证据。在早先一次飞过这里时，伽利略号观察到并拍照记录了卡利斯托一边上的一个大型的叫做英灵殿盆地（Valhalla basin）的火山口，科学家们希望能够在这个月亮的另一边发现一个与之相配的隆起部分，它也应该是由形成英灵殿盆地的同一个推动力所形成的。然而结果并没有发现这样的隆起物，科学家们从中推断，可能是地下的湖泊承受了推动力的作用，从而有效防止了推测中隆起物的形成。

科学家们也被卡利斯托展示的表面特征所震惊。距离这个月亮表面只有86英里（138千米）处拍下的照片显示出表面腐蚀的有力证据。其最明显的特征之一便是连绵不断的由冰和岩石构成的锯齿形山丘，环绕着由尘埃组成的黑色地块。研究者们设想，这些山丘应该是星际空间中的物体与这个月亮碰撞时将地壳物质挤上来所形成的。随着时间的推移，包含着关键物质的冰也许早已升华汽化，只留下一些固体尘埃，构成暗黑的块状地区。

加尼美德（Ganymade）是伽利略卫星中的最大者. 的确，拥有长达3 270英里（5 268千米）的半径，无疑也是太阳系中最大的卫星。它甚至比水星和冥王星还要大，如果它代替木星绕着太阳转的话，无疑将会划归到行星的行列。加尼美德的密度约为1.94 g/cm^3，被认为包含水和岩石物质。伽利略号探测到的环绕这个月亮的磁场显示出它内部有一个几乎占体积一半大小的金属核，这个金属核应该在它的表层下面250~800英里（400~1 300千米）的某处。人们认为，包围着金属核的地幔包含硅酸盐类物质和水冰组成的硬壳。正如卡利斯托一样，加尼美德被认为它的地壳下面存在着一个盐水层。

在伽利略号飞过加尼美德的时候，它的光谱仪检测到从这个卫星的大气中逸散入星际空间内的原子氢。科学家们认为，这些氢形成于太阳能和/或木星的磁场能不断敲击着这个月亮的表面，使得水分解为氢和氧。氢不断从卫星表层逸散，氧却很有可能存留下来，或者被困于这个月亮的冰雪表层，或者形成了表层上方的一层轻薄低矮的大气。

加尼美德的表面状况表明，在这个月亮上曾经发生了大量的构造活动。这里现在到处是褶皱、断层及裂缝，与地球上地壳运动频繁而剧烈的山区相似。虽然在这个月亮的表层上环形山清晰可见，加尼美德的褶皱构造形态仍是最具特色的。

正如卡利斯托和加尼美德一样，木星月亮欧罗巴的地壳下面也被认为藏有一个盐水海洋。这种猜想的证据在于，不仅这个月亮大气中有变化的电场，而且它的北极每5.5小时就变换一次，这种现象的最佳解释也只有它的表层下存在一个导体层（如盐水溶液）。一些科学家相信，这样的一个地下盐水海洋也许会孕育出原始生命。

伽利略号所描绘的欧罗巴景象也展现出一些部分特征，而这些部分在过去一段时期内看起来明显是分离的，正如拼图游戏中的图片块一样。科学家们设想，这些碎片彼此分离，并在这个月亮表面的一大片盐水海洋中漂浮游动，当盐水冻冰的时候，这些碎片也固定到位了。

也正如加尼美德那样，欧罗巴被认为有一个包含着大量铁的巨大的核。图5-3展现了目前研究者们设想中的4个木星月亮的截面情况。

研究者们也发现了欧罗巴表面上电离层的存在。他们假设，从太阳和木星磁层中发出的紫外辐射使得欧罗巴大气中的氧原子丢失电子，形成了带电荷的氧离子（O^+），从而构成了这个月亮的电离层中的主要组成。

伊奥是4个伽利略卫星中最里边的一个，也是密度最大的一个。它的密度估计是3.5 g/cm^3。在某些方面，它的大小、结构和化学组成

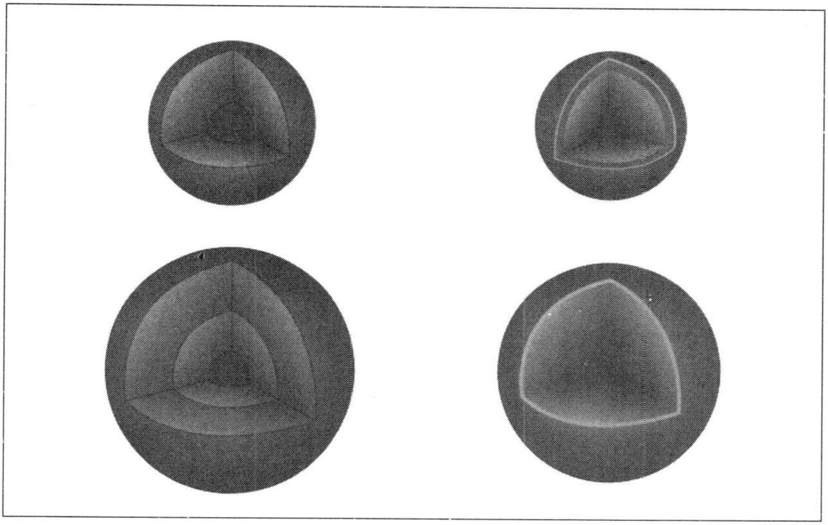

4个木星月亮的截面结构图：伊奥（左上角）、欧罗巴（右上角）、加尼美德（左下角）、卡利斯托（右下角）

图5–3 木星月亮截面结构图

类似于地球的月亮。正如图5–3中所示，伊奥也许有4个月亮中最大尺寸的内核。伊奥的表面非同寻常地光洁，基本上没有任何撞击坑。这个证据表明，这个月亮的表面还是相当新的，很有可能还不到100万岁。

伊奥几乎是这个太阳系任何大天体中火山最活跃的一个。它的火山活动估计是地球的100倍之多。伽利略号发现这个月亮表面共有120处火山源，并传回了其中74个火山源的图片。这个数字远远超出了科学家们预先估计的"一二十个"。尤其使研究者们吃惊的是这个月亮表面发生的明显变化的数量。这种变化不仅是在旅行者2号的那次探访结果和伽利略号的多次拍照之间，而且也在伽利略号7次飞经这里及其拍下的无数照片中间。例如，1997年9月19日拍下的伊奥照片表明，这个月亮表面出现了一个崭新的巨大暗点，其大小相当于亚利桑那州的面积。但是这个暗点仅仅在5个月后的4月4日拍下的照片中就杳无踪影了。这个暗点包围着皮扬山（Pillan Patera），一个以南美电、火和火山神命名的火山中心。

这个暗点对于研究者们来说可是非常有意思的，因为它代表着伊奥上极罕见的一种火山流出，大多数的这种流出是白色、黄色或者红色的，因为其中有硫的存在。这个新的流出点比此前观测的任何一个都要黑，表示它的化学组成也许与这里其他的流出点迥然不同。科学家们相信，这个暗点处的熔岩流动或许源自1997年6月哈勃太空望远镜观测到的这个月亮表面的一次猛烈火山喷发。这次喷发放出了距其表面约75英里（100千米）高的气体卷流。

伊奥表面大致的外貌在旅行者2号和伽利略号的探访中间也发生了显著的变化。科学家们断定，这些变化的原因之一便是伊奥表面持续不断的火山活动。通常情况下，伊奥的火山源向它的大气中释放大量的二氧化硫云团，这些云团进而凝结并返回地面稳定下来，从而形成了一层白色或黄色的外衣。这样二氧化硫得以形成的“结霜”会继而升华，再以气体形式向大气中排放出去。

土　星

土星是太阳系中排在木星之后的第二大行星。它的赤道半径为3.744 8万英里（6.026 8万千米），相当于地球赤道的9倍之多。它的质量有568.46×10^{24} kg，相当于地球的95倍。截至2007年初，科学家们共发现了土星的56个卫星，其中最大者就是泰坦。它的半径长为8 448英尺（2 575千米，比地球的月亮大50%），质量有$1\,345.5\times10^{20}$ kg（几乎是月球的两倍）。土星的密度是0.687 g/cm^3，比水还小。这个事实说明（如果能找到足够大的水体），土星能够漂浮在水上。实际上，它是唯一一个密度比水小的行星。

对我们来说，土星最熟知的特征就是它的环，它有一组围绕其赤道的同心碟盘。这个环系统包括约14个不同的结构，厚度从10~200米不等。最靠近里边的环，即众所周知的D环，位于距离土星外层大气约4 300英里（7 000千米）处，而最外层的环，即E外缘，则在大约30万英里（48万千米）以外。

旅行者1号在1980年10月12日飞经土星，当时距离土星大气有3个行星半径；而旅行者2号在1981年8月26日飞经这里的时候，距离是2.67个行星半径。这两个航天器都携带有一系列设备，能够测量行星大气的化学组成、行星磁场的存在及其强度、与该行星有关的任何电学性质、该行星卫星和环系统的其他物理性质。

旅行者1号和2号搜集到了关于土星的新信息，确定或更正了早先观测的数据结果。（当两个飞行器报告的数据有所不同时，这里给出的是公认的最可靠的数据。）旅行者号传输的数据显示，在土星大气层中的0.1巴高度处（最外侧边缘）的温度是84 K（−189℃）；在1巴的深处，温度大约是134 K（−139℃）。土星大气深处的这种压力被认为会超过1 000巴，那也就意味着是地球上海平面处的大气压的1 000倍之多。上层大气的风速随纬度变化而变化，在土星的赤道和北纬30°之间达到的最大值，约有400米/秒（900英里/小时）。而在南北半球的更高纬度处达到的最大速度有150米/秒（350英里/小时）。

占土星大气中最大组成部分的是氢气，它占有其中的96.3±2.4%。余下的部分含有较少量的氦气（3.25±2.4%）和微量气体，如甲烷（4 500 ppm），氨气（125 ppm），氘化氢（HD；110 ppm）和乙烷（7 ppm）。正如在木星上一样，大气中主要的固体成分似乎是氨冰、硫氢化铵冰和水冰。使科学家们很为吃惊的是，与木星和太阳大气相比，土星大气中氦的丰度竟然如此低。这个数据或许显示出氦从上层大气中迁移出去，并在底层的大气中累积而达到较高的浓度。在表5-3中，我们将土星大气的成分和其他主要行星做了一番比较。

表5-3　外层行星大气的化学组成估计值比较

种　类	木　星	土　星		海王星
H_2	89.8%	96.3%	82.5%	80.0%
He	10.2%	3.25%	15.2%	19.0%
CH_4	3 000 ppm	4 500 ppm	2.3%	1.5%
H_2O	~4 ppm（多种）	*	*	*
NH_3	260 ppm	125 ppm	*	*
HD	28 ppm	110 ppm	148 ppm	192 ppm
C_2H_6	5.8 ppm	7 ppm	1.5 ppm	*

* 缺乏或者尚未测量

资料来源：美国宇航局行星的实况报道，可在以下网站查阅：http://nssdc.gsfc.nasa.gov/planetary/planetfact.html.

旅行者1号发现了土星的3个新卫星——阿特拉斯（Atlas）、普罗米修斯（Promethus）和潘多拉（Pandora），它们是最靠近土星表面的4个卫星中的3个（第四个是潘，Pan）。旅行者号数据的早期分析结果显示，围绕着土星有至少十多个新卫星。从那以后，很多新加入的卫星也被确定下来，虽然很多还没有命名。围绕着土星运行的究竟有多少个卫星，它们彼此之间究竟距离多远，研究者们仍然不是很确定。由于新发现的几个土星月亮似乎总是三四成群一起行动，一些科学家们相信，它们从前可能是一些更大的月亮的残余，是这些大月亮受土星重力的推动而解体的结果。

两个旅行者号航天器都在土星两极附近检测到了类似于地球上的极光现象。这个发现在将近20年之后再次被证实，这时哈勃太空望远镜拍下了土星美妙绝伦的照片，照片中明显地显示了极光的存在，科学家们相信，极光的出现源于太阳风和土星的磁场作用，导致了原子氢的形成，从而放射出极光飘忽神秘的辉光。

旅行者号飞经土星的一些最有趣的发现结果包括，它们关于土星的著名环系统的发现。直到旅行者号飞过这里时，天文学家们还一直认为这个系统共包括3个环，彼此之间由一个叫做卡西尼分划（Casini division）的空隙隔开，其名称是为了纪念第一个发现它的意大利天文学家乔瓦尼·多米尼克·卡西尼（1625—1712）。这些空隙按照它们的发现顺序命名为A-环（距离土星最远）、B-环（在A和C之间）和C环（距离土星最近）。

然而，旅行者号拍下的图片，却表示这个系统比预想中的要更加复杂、有趣、令人费解。首先，它检测到了4个新加入的环，命名为D-环和G-环。D环离行星是最近的，比C环还要近得多。而E、F和G环是最远的，其距离从8.7万~14万英里（14.06万~23万千米）远不等。照片显示，每一个环自身都是极其复杂的，包括成千上万较小的环。总体而言，土星的环系统在7个主要系统内可能包含一千多个较小的“小环”。

这些环似乎是由气体和尘埃粒子组成的，它们的个头从一毫米或者更小的半径到谷仓那么大。现在关于土星环的最为流行的假设是它们形成于一个或多个小行星（或其他天体）进入到土星的重力场中，粉碎破灭后进入环绕土星的轨道。这些环的光谱表明，它们主要由水冰组成，尽管像岩石物质这样的杂质内嵌在冰中的情况也不是没有可能。这些环的彩色照片显示了从白色到橙色、绿色到蓝色的极为壮观的变化，意味着这个系统的不同部分也许有不同的化学组成。

从旅行者号航天器上传来的土星环的图像也展现了环系统的一些有趣而出人意料的特征。其中之一便是一个位于F环中的“编织”环。这个环包含了3个截然不同而彼此之间又缠在一起的小环。这些小环貌似被两个新发现的月亮（普罗米修斯和潘多拉）固定了位置。显然，两个月亮的重力场作用在环中的粒子上，并保持着它的构型。一些天文学家们相信，其他藏在环中的“牧羊人的月亮”也许对系统中其他的小环有类似的作用。

另外一个有趣的发现是环中的“辐条”的发现。这些辐条常常是从内层环到系统的外层界限的美妙的连线。它们在反射光下表现为暗条纹，但是在从背后射出的光照射下它们也会变得明亮起来。虽然这些辐条也许是与它们四周区域相比之下物质的相对稀缺所造成的，科学家们至今仍没有发展出关于它们存在的一个合理解释。

无疑，迄今为止所得到的关于土星的最详尽、最准确的信息是卡西尼号轨道飞行器和惠更斯号探测器从2004年开始搜集的。轨道飞行器在穿过土星的外层大气和它的环系统时，传回了令人惊异的一系列照片。在该项目的图像组总管卡罗琳·波鲁克（Dr. Carolyn Porco）博士的描述中，它们“让人难以置信，相当难以置信”。这些照片显示出这些环的新细节，其中包括沿其边缘的扇形区，至今仍无法解释。在卡西尼号环绕土星4年旅行之后数年内，科学家们将会继续分析它送回的数据。

卡西尼-惠更斯号任务的主要部分包括环绕土星的74圈飞行和与土星最大月亮泰坦的44次亲密接触。这些接触之中的一次，轨道飞行器放出了惠更斯号探测器，开始了深入探测泰坦大气的征途。在卡西尼-惠更斯任务之前，人们已经了解了一部分关于泰坦的信息，一些来自地面观测，一些来自旅行者号早期的拜访。例如，在旅行者1号与泰坦亲密接触的时候，科学家们了解到这个月亮并没有预想中的那么大。在这之前，泰坦被认为是太阳系中最大的卫星，但是旅行者1号却揭示了这个月亮厚厚的大气层下藏着的固体核相当小的真相。实际上，泰坦的固体部分很有可能比加尼美德还小一点，但它仍然是一个重要的卫星。它的半径比水星或冥王星都要大，它的质量也比冥王星大。

此外，泰坦仍有它与众不同的特别之处——它是太阳系中唯一一个有大气层的卫星。它的大气似乎比地球的大气密50%，表面气压约1.5巴。泰坦的大气正如地球的大气一样，看来主要包含分子氮和一些少量成分，正如表5-4所示。大多数天文学家相信这里氩气的存在，它的丰度从0~7%不等，虽然在惠更斯号之前的数据不足以支持更精确的测定结果。“空间探索和发展学生组织”（Students for the Exploration and Development of Space，SEDS）已经确定了泰坦大气的特征是一片"非常浓厚的烟雾",在这团烟雾中,"似乎发生着很多化学反应"。

表5-4 泰坦大气组成

种 类	丰 度	种 类	丰 度
氮气	90%~97%	乙炔	2.2 ppm
甲烷	2%~10%	丙烷	0.7 ppm
乙烷	13 ppm	氰化氢	160 ppb
乙烯	10.1 ppm	氰代乙炔	1.5 ppb

资料来源:琳达·J. Spilker, ed. Passage to a Ringed World: The Cassini-Huygens Mission to Saturn and Titan. NASA Special Publication SP -533. Washington, D.C.: National Aeronautics and Sapce Administration, October 1997, Chapter 3 .也可以查找以下链接:http://saturn.jpl.nasa.gov/gallery/[rpdicts/pdfs/chapter3.pdf.

研究者们近期设想出泰坦也许有一个直径约2 000英里(3 400千米)的岩石核,被由冰物质构成的外层环绕。内层也许仍然存留有它形成时期产生的热量,虽然它的表面温度估计值仅仅为94 K(-179℃)。

天王星

天王星是外层行星中的老三,也是众所周知的"气巨星",因为它没有任何固体表面。它的半径长达15 872英里(25 559千米),大约相当于木星的1/3,略少于土星的一半。它的质量约有8.66×10^{25} kg,它的密度约为1.3 g/cm^3。1981年,在旅行者2号飞经天王星之前,人们在1787—1948年已经观察记录到了天王星的5个月亮:欧伯龙

（Oberon）、娣坦妮亚（Titania）、安比利尔（Umbriel）、阿里莱（Arile）和米兰达（Miranda），这些名字都来源于威廉姆·莎士比亚笔下的人物。旅行者号还发现了另外10个月亮，它们中的大多数也是由莎翁剧中人物命名的：考狄利娅（Cordelia）、奥菲里亚（Ophelia）、苔丝狄蒙娜（Desdemona）、波蒂亚（Portia）、朱丽叶（Juliet）、迫克（Puck）、贝琳达（Belinda）、罗萨琳（Rosalind）、克瑞西达（Cressida）和碧安卡（Bianca）。随着旅行者号所得数据的进一步分析及环绕飞行和地面观测的跟进观察，现在天王星的月亮数量已经增至27个（2007年初数据）。

1977年，天文学家们发现，天王星周围环绕着一系列类似土星的环，它们环绕着天王星赤道构成一组同心圆（图5-4）。天王星的旋转轴与公转平面平行，而不是像地球一样互相垂直。或者说，天王星并没有模仿地球像一个陀螺一样沿着绕太阳轨道旋转，而是沿着轨道像一个大桶一样“滚动”。所以，天王星的环也就形成了一个朝向太阳的“牛眼”。

与它的很多总体特征不同，1981年旅行者2号飞经这里之前，天文学家们对于天王星的物理和化学性质仍一无所知，而正是这次任务提供了关于这个行星、它的环系统以及卫星的大量资料。例如，旅行者号报告，天王星两极的温度近乎相同，都是大约58 K（–215℃），尽管事实上一极总是指向太阳，而另一极总是背离太阳方向。总体上，这个行星的平均温度有60 K（–213℃），在0.1巴高度，温度中间值为52 K（–221℃）。

天王星大气的光谱分析表明，氢气是其中最多的气体，它的丰度大约有84%；其次是氦气（14%）、甲烷（2%）和微量的乙炔、氰化

哈勃太空望远镜拍下的天王星图片显示出它的环系统和它的6个月亮。从上方顺时针看，它们依次是：苔丝狄蒙娜（Desdemona）、贝琳达（Belinda）、阿里莱（Arile）、波蒂亚（Portia）、克瑞西达（Cressida）和迫克（Puck）。（太空望远镜科学研究院/美国国家航空航天局/图片研究者有限公司）

图5-4　天王星

氢和一氧化碳。这个行星在天文望远镜中看起来是蓝色的，因为它的大气中的甲烷气体吸收了太阳光中的红光附近波长，反射了蓝光。我们有理由相信，这个行星也许也有彩色的条带，类似于我们在木星上所见，尽管它们的庐山真面目已经隐藏在了厚厚的甲烷层下面不为人所知。

科学家们关于天王星内部结构的设想基于观测到的物理性质。据一个流行的理论模型所示，天王星内包含了一个巨大的核，核内主要含有硅和氧，外面首先环绕着一个由冰和岩石组成的层面，然后是一片液态氢，最后是一个由气态氢、氦、甲烷、氨和水构成的外层。

科学家们将天王星的环系统分成10个不同区域，按照从星球表面向外一一将其命名为6、5、4、阿尔法、贝塔、尔塔、伽马、德尔塔、拉姆达和易浦西龙。天王星的环在很多方面与绕土星的环相距甚远。首先，它们的漫反射系数趋于较低值，约为0.03，这意味着它们只反射照耀其上的光的3%。而且，它们也似乎比土星环更稀薄。最后，天王星环的组成似乎与土星环迥然不同，它几乎全部由篮球大小的粒子构成，其中只有很少量微小的或者极大的粒子。

光谱数据显示，天王星环主要由水冰构成。一些科学家们相信，这些冰也许还覆盖着一薄层的碳，因为它们都有着很低的漫反射系数。很有意思的是，在土星上观察到的一对对“牧羊人月亮”也出现在天王星的环系统中。在发现这些天王星的牧羊人月亮之后，研究者们预言天王星周围会发现18个这样的月亮，尽管旅行者号只拍下了其中的2个。

当前最流行的关于这些环起源的理论是它们形成于离我们相对

较近的时候，那时有一个大天体，比如说一个月亮，被困在天王星的重力场中，并最终在重力作用下分崩离析。

天王星的两个最大的月亮，娣坦妮亚（Titania）和欧伯龙（Oberon），都有长约1 000英里（1 600千米）的半径。在旅行者号计划前已知的天王星月亮中最小者为米兰达（Miranda），它的半径仅有约300英里（500千米），大约是月球尺寸的1/7。最新发现的月亮都比这5个已知的月亮大，它们的半径大小从考狄利娅（Cordelia）的16英里（26千米）到迫克（Puck）的96英里（154千米）不等。

旅行者号拍下的天王星月亮的照片留下了大量极具挑战性的数据有待天文学家们解决。这些月亮在某些方面似乎彼此相差甚远，因此留下了关于它们是如何产生的、又是如何在千百万年里衍化的一系列谜题。这些月亮似乎大部分组成是水冰（约50%）、岩石（约30%）、碳基或者氮基化合物（约20%）。其中没有一个有大气，但是它们都有令人惊异的、有时候甚至是与众不同的表面。例如最大的行星娣坦妮亚（Titania），拥有大面积的断层体系和峡谷地貌，显示出这里丰富的地质活动。这种特征常常揭示出某些至关重要的活动，在这些活动中，两部分表面互相碰撞，从而导致一些地方得以抬升，而在另一些地方却劈开了大裂缝。

从某些方面而言，米兰达是这些月亮中最有意思的一个。它拥有断层峡谷，有些甚至能从这个月亮表面深入12英里（20千米）。这个月亮表面也有一些阶梯状地形和新老地层的奇怪混合体。大型地貌特征（比如峡谷）尤其令人迷惑。因为它们暗示着这个月亮有一个炽热的内部地区，但是这个月亮却是如此渺小而寒冷，在这里这种推测是难以想象的。无论解释如何，米兰达的“脸”是太阳系中所见的最震撼人心也是最引人兴致的表面之一。既然在未来几年内不会有新的天王星航行计划，那么现在距天文学家们回答由旅行者号提出的种种问题仍需时日。

海王星

海王星和天王星差不多大，它的赤道半径有15 378英里（24 756千米），质量有1.03×10^{26} kg，密度有1.76 g/cm^3，因而从某种方面说，它比天王星更重。正如旅行者号对木星、土星和天王星的调查一样，它对海王星的拜访同样为天文学家们提供了迄今为止海王星的最佳图像和数据资料。

海王星的大气总体上类似于其他的外层行星。在这里含量最高的3种化学成分是分子氢（84%）、氦（14%）和甲烷（2%）。大气中所测定的微量成分包括氘化氢（约192 ppm）和乙烷（约1.5 ppm）。这些种类的化学成分的存在方式看起来是水冰、氨冰、硫氢化铵冰和很有可能出现的甲烷冰。正如天王星一样，海王星的海蓝色彩也是太阳辐射中的红光成分被甲烷分子吸收的结果。

天文学家们常常诧异于旅行者2号提供的海王星大气的特写镜头。他们预想中海王星应该是相对黑暗而寂静的，毕竟这里距离太阳有万里之遥。但是旅行者号的相机所记录下的图景却暗示出，事实并非如此。这里和木星上的情景一样，风暴席卷了大气层中的很多地区。据观测，在其中一个叫做大白斑（the Great

White Spot）的尤其猛烈的风暴中，风速能达到每小时1 200英里（2 000千米/小时）。这也是太阳系中至今所记录的最强风暴。尤其有趣的是，当惠更斯号探测器在20年后经过海王星上这一片地区时，这个大白斑却早已销声匿迹了。而哈勃太空望远镜却找到了类似于旅行者号所看见的一个新的“大白斑”（实际上是一个暗斑），但是它观测的地点是在海王星北半球而不是原来的南半球。

当前的理论表明，海王星内部结构类似于其他气体巨人行星，因为它的密度从外层大气向内部渐渐增加。在大气深处，常见的气体物质暴露于越来越高的压强下面，直到它们变成了非常致密的气体，而最终成为液体。人们认为，海王星的中心应该包含有一个地球大小的地心，它由熔岩、液态水、氨和甲烷构成。

在旅行者号任务之前，海王星一度被认为只有两个月亮：由英国天文学家威廉·拉塞尔（William Lassell，1799—1880）在1846年发现的特里同（Triton）和由荷裔美国天文学家杰拉德·柯伊伯（Gerard Kuiper，1905—1973）在1949年发现的涅瑞伊得斯（Nereid）。在旅行者号飞经海王星的时候，发现了其他的4个月亮，它们的大小从半径约37英里（60千米）（奈雅德，Naiad）到约240英里（400千米）（普洛透斯，Proteus）不等。在2007年初的时候，科学家们已经列出了海王星的13个月亮的清单。

特里同（Triton）对于科学家们来说可是极为有趣的，因为它有着一系列非比寻常的特征。首先，它是太阳系中唯一一个绕着自己的母行星倒退着公转的卫星。也就是说，它的公转是朝着与行星自转方向相反的方向。此外，它也是太阳系中仅有的3个大气主要含有氮气的天体之一（其他两个是地球和泰坦）。特里同的大气层极其稀薄，它的表面气压仅有14微巳，大约是地球的0.001 4倍。而且，特里同是太阳系中所测的最寒冷的天体，它的表面温度仅有38 K（–235℃）。在这种温度下，即使是氮气也会结冰，所以特里同的大气中主要含有由氮冰构成的轻薄的云雾，它表面也覆盖这一薄层的氮霜。

旅行者号拍下的特里同的表面照片引起了关于这个卫星的结构、组成及衍化的一系列问题。它的表面布满大面积的裂纹，这些裂纹可能形成于某种构造活动。实际上，旅行者号拍下了一些正在发生的火山喷发景象，这时氮气和黑色的微粒混合在一起，一同喷到大气中数千米高处。旅行者号还拍下了它的一个极地冰冠，它延展覆盖着南半球大面积地区。这个极地冰冠的粉红色泽被认为是由甲烷冰所造成的，这些甲烷冰在太阳辐射下转化为其他的化学成分。在粉红的冰冠上面往往贯穿着一些暗条纹，它们的形成也许是源于火山喷发时产生的液态氮的流动。这个月亮这些迷人的特点也解释了未来经过特里同的飞行仍将是空间探索计划的一个首要选择。正如美国宇航局的海王星环绕飞行计划，它最初设计是在2006年或2007年发射升空，但是由于预算的限制，现在这个计划仍处在搁置状态。

旅行者号回答的关于海王星的关键问题之一就是它的环的庐山真面目。20世纪80年代中期地面观测显示出海王星的确有环，但是它们有一个奇特的性质。它们不是完全的圆环，像在木星、土星和天王星上观测的那样。观察者们在这里只发现了不完整的环或者说是圆弧，绕在海王星的一边，另一边却没有。人们为此付出了相当多的努力，以求解释这些不完整的环何以形成并保持下来。其中一个解释是有一个或多个牧羊卫星，像在土星上发现的一样。它们也许会对部分环产生重力作用，阻止这些环扩张并形成像其他行星的完整的环。

旅行者号提供了解答这个疑难问题的一个简单而令人欣慰的答案。现在看来，海王星的确有环，而且这些环还是完整的环。地面观测无法探测到完整的环，因为它们在某些地方极其稀薄，以至于没有反射足够的可见光。环中密度大的区域（圆弧）确实是千真万确存在的，牧羊卫星理论［它所质疑的月亮是加拉提亚（Galatea）］也许也会很好地解释这种反常的现象。

总的来说，旅行者号观测了4个海王星环系统，它们位于距海王星中心2.6万英里（4.19万千米），3.3万英里（5.32万千米）和3.9万英里（6.293万千米）远处。在这些地方的这3个环还是很窄的，只有大约10英里（15千米）宽。而在靠近中环位置的第四个环就大得多了，有约3 600英里（5 800千米）宽。正如土星一样，海王星的一个环也有"编织"的外观，这种外观也可能来源于环中一些地方出现而其他地方却没有的物质堆积。

冥王星

2006年8月，国际天文学联合会（IAU）表决通过了关于一个天体成为行星的新定义，冥王星作为一个天体的地位也就此改变。IAU决定能称为行星的天体只能是那些:（1）绕太阳运行;（2）有足够大的质量以产生足够的重力并维持其近圆形的形态；(3) 在其轨道上没有其他邻居的天体。冥王星满足了这些条件中的前两条，但是并不满足第三条。因此，它被置于新定义的矮行星范畴中，同样归于这一范畴的还有太阳系中另两个天体谷神星（Ceres，以前被归为小行星）和阋神星（Eris，位于柯伊伯带上的一个大天体）。

冥王星是太阳系中唯一一个从前被归类为行星却没有被地球飞行器拜访过的地方。因此，关于太阳系中的这个最远成员的很多信息仍然是不完整的，部分仍存在疑点。它比太阳系中任何行星都要小，赤道半径仅有714英里（1 501千米），大约是水星的一半，地球的20%。冥王星的密度却比任何外层行星都要大，约为2.10 g/cm^3。

多年来冥王星被认为只有一个月亮——1978年首次发现的查农（Charon）。但是2005年5月，天文学家们在分析惠更斯号太空探测器传回的数据时，意外地发现了另外两个月亮。它们被临时命名为S/2005 P1和S/2005 P2。2006年6月，国际天文学联合会将它们正名为尼克斯（Nix）和许德拉（Hydra），将冥王星的月亮数目增至3个。查农只在近期才被发现，因为它和冥王星彼此之间如此亲密，以至于从冥王星的光亮表面（漫反射系数0.5）反射的强光掩盖了它的卫星身影。科学家们现在相信，事实上冥王星和查农也许并不是真正的矮行星和月亮的关系，而是太阳系中独一无二的双矮行星系统。在双星系统中，两个天体互相绕着一个共同的重力中心旋转。今天一个盛行的假说是，查农也许诞生于冥王星和另外一个天体碰撞的结果，类似于地球的月亮的形成方式。

詹姆斯·E.韦伯(1906—1992)

伟大的科学发现和重要的科学探索往往被想象成是专家们计划和操作的结果,但是,多数涉及投资数十亿美元公款的大项目的组织管理者,却少有或根本没有科学技术本身的背景。这些人的工作常常关乎研究课题的最终成败。其中一个最好的例子就是美国国家航空航天局的第二任局长詹姆斯·E.韦伯(James E. Webb)。

詹姆斯·E.韦伯在1906年10月7日出生于北卡罗来纳州的塔利合城。1928年,他在北卡罗来纳大学获得教育学学士学位。然后,他参加了海军陆战队,1930—1932年担任飞行员职务。离任后,他进入乔治·华盛顿大学法学院学习,1936年获得法学学士学位,被接纳为哥伦比亚特区法律界的一员。

1932—1934年,韦伯担任北卡罗来纳州的第四次国会选区的州议员爱德华·W.柏(Edward W. Pou)的秘书官。然后,他为前北卡罗来纳州州长华盛顿·O.麦克斯·加德纳(O. Max Gardner)的法律事务所工作,并任职于纽约布鲁克林的斯佩里回转仪公司。第二次世界大战爆发的时候,韦伯返回海军陆战队服役。

战争结束后,韦伯回到了华盛顿,担任了美国财政部的副部长加德纳(Gardner)的助理。1946年,韦伯被任命为董事局财政预算案主任,参与起草了美国自1930年胡佛政府时代以来的第一个平衡预算。3年后，韦伯被任命为迪安·艾奇逊（Dean Achescn）手下的州副部长。当时他的主要职责是使美国国务院的重组沿胡佛委员会1949年报告所推荐的路线实施。1952年艾森豪威尔当选总统后，韦伯离开华盛顿到位于俄克拉荷马州的科麦奇石油公司任职。此后他在科麦奇公司工作，一直到1961年返回华盛顿。

1961年2月14日，韦伯接任美国国家航空航天局的第一任局长T. 基思·格伦南（T. Keith Glennan），开始了美国国家航空航天局局长的生涯。他任职的7年可以说是该机构历史上最关键的时期。韦伯到任不久，1961年5月25日，肯尼迪总统宣布：美国政府计划在20世纪60年代完成把人类送往月球的设想。从这个宣言开始，肯尼迪启动了襁褓中的美国太空计划，同时打开了人类历史上最大规模的公共工程计划的大门。詹姆斯·韦伯目睹了这一计划从萌生到圆满完成——1968年10月，韦伯卸任离开美国国家航空航天局办公室的几个月前，阿姆斯特朗成功完成了人类登上月球的第一步。

据美国国家航空航天局关于韦伯的官方传记所记，他“为了华盛顿美国国家航空航天局积极参与政事，诱导、哄骗，而且机动处理”，努力确保肯尼迪梦想成真。许多专家相信，韦伯最糟糕的日子降临于一次事故之后，这场灾难发生于1967年1月27日，当时一个阿波罗飞船正在测试时发生了一场火灾，造成了3名宇航员丧生。韦伯通告全国说："我们一直都知道，这样的事情迟早会发生。"但是他同时保证这样的悲剧并不意味着美国太空计划的终结。他最后担起了这场灾难的个人责任（虽然由一个人包揽全部罪责仍是有待商榷的），他回到了国会和公众之中，并继续为阿波罗计划的成功完成而努力工作。

1968年，韦伯从美国国家航空航天局退休之后，继续留在华盛顿，曾担任多个咨询议会议员和史密森学会董事。1992年3月27日，他在华盛顿与世长辞，被安葬在阿灵顿国家公墓。为了纪念他，美国国家航空航天局将最新研制的望远镜命名为詹姆斯·韦伯太空望远镜（JWST）。这个望远镜是哈勃太空望远镜的继任者。韦伯太空望远镜的发射计划是在2011年的8月。它将配备半径6米的主透镜和一系列的辅助设备，包括一个近红外多目标光谱仪，近红外照相机和中红外照相机和光谱仪。这个望远镜有5个主要任务：观测宇宙空间和结构、星系的起源和衍化、银河的历史和它的邻居、恒星的诞生与形成以及行星系统的起源和衍化过程。

冥王星-查农系统引出了一些新的问题，因为它处于柯伊伯带中，而柯伊伯带在海王星轨道外延伸约20 AU（天文单位，1 AU约为3×10^9千米）的地方。美国国家航空航天局于2006年1月发射的新地平线太空探索计划，应该会有助于提供一些关于冥王星和查农自然性质的更好解释，关于其他柯伊伯带的天体探索尤其令人期待。

现在，关于这两个天体的知识在很大程度上仍是极为有限，一些结果仍是推测所得。地面观测结果和轨道望远镜所得数据显示出，冥王星的大气层是很稀薄的，这个星球表面的大气压介于3~50微巴之间（是地球大气的0.3%~5%）。观测到的上层大气的最高温度是106 K（–167℃），大气中存在最多的气体估计是氮气、甲烷、一氧化碳和由这些物质的光解作用而产生的其他成分。

冥王星地表最多的成分似乎也是氮，其次是一氧化碳、甲烷和水冰，它们都以固态形式存在。根据冥王星的密度数据，科学家们预测，它的内部应该包含某种形式的水合硅酸和近乎30%的水冰的混合物。

人们关于查农的大气和表面成分则仍是一无所知。它的地表似乎主要由水冰所覆盖。其他成分的光谱线现在已经被探测到，但还没有证实它们到底是属于何种已知的化合物。

柯伊伯带天体

万事万物都是一直在发展变化的。太阳系本身就是这样，至少它看来应是如此。很多年来，天文学家们一直认为冥王星也许是这一绕太阳运行的群体中最遥远的天体，但是这种观点现在早已过时。科学家们已经了解到有更遥远的天体系统——柯伊伯带天体，或者KBO——填充着海王星轨道以外的广大空间。虽然早在1951年荷裔美国天文学家杰拉德·柯伊伯（1905—1973）就曾预言过它的存在，第一个柯伊伯带天体仍直到1992年才被发现。到2007年初的时候，人们已经发现了八百多个柯伊伯带天体，而这种天体的名单现在每星期都在更新，甚至有时候，每天都有增加。一些天文学家们估计，总共可能会有3.5万多个柯伊伯带天体。

杰拉德·彼得·柯伊伯（1905—1973）

太阳系源于何处？太阳是如何诞生的？太阳系中地球和其他行星的起源如何？类似的问题几个世纪以来一直困扰着哲学家和科学家。最早的关于太阳系形成和衍化的理论之一是由法国哲学家和数学家勒内·笛卡儿（René Descartes，1596—1650）提出的。笛卡儿认为，太阳和行星最初形成于一团翻涌不息的物质，它渐渐地凝结下来并形成了一个巨大的天体（太阳）和另外一些离太阳距离不等的小一些的天体（行星）。伴随着一些重要的改进，这个理论现今仍是多数天文学家所赞许的理论之一。

笛卡儿和其他理论家们不仅激励了同行们和科学领域同时代的继任者，而且还影响了几个世纪后的年青一代，杰拉德·彼得·柯伊伯（Gerard Peter Kuiper）就是其中之一。

年轻时，柯伊伯阅读了笛卡儿的书，并对这个伟大的法国思想家三百多年前曾潜心思考的同一问题很有兴趣。最后，柯伊伯修改了笛卡儿"太阳星云"理论，从而把它变成了现在通行的太阳系起源的解释。

柯伊伯1905年12月7日生于荷兰小镇哈并卡斯堡（haringcarspel），现名为哈林卡斯堡（harenkarspel）。中学毕业后，柯伊伯决定"蛙跳"越过荷兰学生一向所遵循的准备大学教育的道路。他参加并通过了一场特殊的考试，被莱顿大学直接录取，1924年入学，学习了物理和天文学，1927年获得理学学士学位。从学士学位毕业后，他又继续开始研究生学习。1929年，他加入远征苏门答腊的荷兰日食探索活动，在苏门答腊待了8个月。4年后，莱顿大学授予柯伊伯天文学博士学位。他的博士论文研究了双星的课题，这里的双星是一对相互环绕并围着一个共同重心而旋转的恒星。

柯伊伯的第一份工作是在美国加利福尼亚的利克天文台（Lick Observatory），与一个伟大的偶星系统（双星）天文学家罗伯特·金·埃特金（Robert Grant Aitken）共事。尽管在其他领域里柯伊伯也继续做着贡献，但他认为自己首先应该是双星天文学家。虽然柯伊伯在利克已经获得了一定的成功，但他自认为不太可能被选为埃特金的继任者。1935年，柯伊伯接受了在哈佛大学讲授天文学的邀请函，但这个工作只持续了一年。1936年，柯伊柏转到了芝加哥大学，在耶基斯天文台担任实用天文学副教授。在1943年，柯伊伯被任命为天文学教授，他在这个职位上一直工作到1960年。

1943年，柯伊伯离开了芝加哥为战争效力。他被分配到哈佛大学的无线电研究实验室，他在那里研究了反制敌方雷达搜索的方法。然后，他被转移到设在英格兰的第八空军总部。战争结束后，被分配到“阿尔索斯小组”（Alsos）中工作，调查评估德国科学的总体状况。阿尔索斯在希腊语中相当于“格罗夫斯”（grove），是因少将莱斯利·M. 格罗夫斯（Leslie M. Groves）得名，而这个人是发展原子弹的曼哈顿计划主任。1943—1944年冬季，柯伊伯继续在得克萨斯大学的麦克唐纳天文台的研究工作。在这期间，他在土星卫星泰坦的大气中发现了甲烷。这是史上首次有人在卫星的大气中发现一种特定的气体。从那以后，柯伊伯对行星和卫星的大气十分感兴趣。不久，他开展了先驱者号关于火星、木星、土星、伽利略卫星的木星和土星环的谱学研究。他的大部分工作在他所编辑的《地球及其他行星的大气》（*The Atmospheres of the Earth and Planets*，芝加哥大学出版社，1949年出版）一书中都有介绍和总结，这本书在该领域中已被奉为经典。

到1949年，柯伊伯已经发表了关于太阳系形成的理论成果，天文学成就已经是硕果累累。毋庸置疑，他所得出的假设比他的偶像笛卡儿提出的更加完备。这个假说显示，太阳从中诞生的平整碟盘最终分崩离析，变成一堆彼此截然分离的碎块，这些碎块称作原行星，它们继而以物质堆积的方式逐渐成长为今天我们熟知的行星。在此假说基础上，柯伊伯还指出在海王星轨道外或许还存在一个巨大平整的天体带。为纪念他，这个天体带从此命名为柯伊伯带。

柯伊伯还发现了天卫五米兰达和海卫二涅瑞伊得斯；他也是喷气式飞机用于高海拔天文观测的早期倡导者之一；他早在人类登月之前就精确地预言了月球表面的情形。为了表彰这些成就，柯伊伯被授予法国天文学会颁发的让桑奖章和由荷兰政府颁发的橙色拿骚勋章（Order of Orange Nassau）。柯伊伯于1973年11月24日逝世于墨西哥城，他去世前还在坚持工作，检验一些天文学新发现。

柯伊伯带天体有待提供关于太阳系最边远地区令人振奋的新消息。比如说，它们也许最终会有助于我们了解冥王星和查农暧昧关系的真相——它们到底真的是一对矮行星，还是只是迄今发现的两个最大的柯伊伯带天体。柯伊伯带天体引起了天文学家的极大兴趣，还在于它们也许还是现存的太阳系形成之初的物质中最为原始纯朴的典型实例之一，因此，它们也提供了关于这个孕育过程的重要线索。难怪很多领域的研究者对2006年发射的新地平线太空探索计划的结果一直翘首以待。

在过去一个世纪内，研究者们已经洞悉了关于木星、土星、天王星、海王星、冥王星和柯伊伯带天体的大量新信息。改进的地面望远镜、哈勃太空望远镜和像旅行者1号和2号、伽利略号、卡西尼号的太空探索计划所得到的新数据，将会使天文学家花上几年的时间去分析解读，它们也将提供关于外层行星及其搭档的大气化学组成、卫星、地表和其他特征等更多的详细信息。

六

彗星、流星、小行星和月球

1066年的10月，一颗闪亮的新星出现在英格兰的天空。它是如此地闪耀夺目，以至于吸引了上百万英格兰人乃至所有欧洲人的关注。当诺曼底威廉公爵（“征服者威廉”）所领导的诺曼人在10月14日的黑斯廷斯战役中击败国王哈罗德的盎格鲁-撒克逊军队时，很多人深信那颗新星预示了这一伟大的历史事件的到来。

这颗“闪亮的新星”实际上是一颗彗星，就像我们今天所知的哈雷彗星。哈雷彗星每76年规律性出现，每一次都能给整个世界带来恐慌和惊奇。的确，彗星的出现是最富戏剧性的天文事件。

陨石同样能够激发人们的兴趣和忧虑。这些大块的石头以我们无法预测的轨迹划过天际，并常常给坠落区域带来毁灭性灾难。撞击地球的陨石中，那些规模庞大的在一定程度上甚至导致了地球上最严峻的气候变化。举例来说，科学家们现在相信，大约

6 500万年前，恐龙和其他大量物种的灭绝，很大程度上归因于一颗陨石撞击地球时所激发的大规模尘埃云层改变了原来的气象环境。

彗星和陨石分别属于这样两种天体：运行具有极高规则性因而可被预测（彗星）以及运行只有极低规则性（陨石）。这一章里，讨论以上两种天体，包括一些科学家们刚开始获取细节信息的天体——小行星和人类唯一涉足的地外天体——月球。

彗　星

由于它们不规则的、出人意料的运行方式，彗星和陨石历来被认为是很多非常事件的预示：国王、王后的出生或死亡，战斗的胜败和一个伟大文明的崛起或衰落。人们越是理解和信赖行星与恒星的运行规律性，就越是会为无规律可循的、难以预测的天文现象而担忧。除此以外，彗星和陨石那壮观的外部形态也在某种程度上增加了它们的奇幻性。比如说，一颗在1910年出现的彗星所具有的光辉是如此耀眼，以至可以在白天观察到，它也因此获得了一个很流行的名字——1910日光彗星（the Daylight Comet of 1910）。

关于彗星的警示记录可以追溯到有历史记录的时代。例如在古中国，人们相信出现彗星将预示着皇帝的死亡、战争的发动以及疫病在各地的蔓延。历史学家们报道了至少10次在中国爆发的流行病，而且都声称与彗星的出现有关。无独有偶，就在恺撒于公元前44年3月15日被暗杀的7天之后，一颗彗星呼啸着划破天空，很多罗马人深信他们的领导者已经直接升入了天堂——他在那儿宣告了自己的存在。几乎与此同时，大批罗马文人开始发表自己对于彗星出现所带来的警示含义的看法。诗人提布鲁斯（Tibullus）和自然哲学家普林尼（Pliny）都相信彗星出现预示了战争爆发或国内动乱。天文学家则认为这颗彗星的出现代表了耶稣的诞生。

与黑斯廷斯战役一样，人们纷纷把大量历史事件与哈雷彗星的出现联系起来。1456年，当土耳其人将他们的势力范围扩大到欧洲东南部时，哈雷彗星突然在空中出现了。由于深信这预示了一场不可避免的劫数，教皇卡列斯多三世（Pope Callixtus Ⅲ，1455—1458在位）号召忠实信徒们加入“为了平息上帝的怒火而举行的一连数日的祈祷”，并相信“无论前方酝酿着怎样的灾祸，它的矛头都有可能从基督徒转向土耳其人”。为了向人们强调他此时的忧虑，教皇随即宣布“驱逐”这颗彗星，因为它受到了魔鬼的控制。但不幸的是，教皇和他的信徒们没能成功：土耳其人牢固地控制着君士坦丁堡并将统治延续了4个多世纪。

这种将彗星视为厄运预兆的观点不仅是严格历史性的、古朴的信仰。1997年，一个隶属于天堂之门（the Heaven's Gate）宗教团体的子团体（高源集团）中的39名成员，在美国加利福尼亚州的兰乔圣菲小镇（Rancho Santa Fe）自杀。在该团体留给媒体的声明中声称，这是为了返回他们遥远的、最初的家园——在人类世界之上。他们作出这样的决定似乎是因为，他们预料在海尔-波普彗星的外部携带了一种不明飞行物（UFO），并相信它能将他们带入远在天空的归宿。

英国天文学家埃德蒙·哈雷爵士（Sir Edmund Halley，1656—1742），第一次尝试确定一颗彗星的运行轨道。他同时也是艾萨克·牛顿爵士（Sir Isaac Newton）的好友。牛顿在1687年所发表的

《原理》(*Principia*)一书,成为科学史上最具影响力的著作之一。在这部著作中,牛顿描述了他的重力理论,并阐述了这套理论在解释行星、月球的运行问题时的应用。同样,这套理论可以解释一切天体中最难以预测的彗星的运行——哈雷从这里受到了启发。

一开始,哈雷查阅了历史记录,以便能找到更多周期性出现的彗星。其中一颗符合标准的彗星最近一次出现是在1682年。哈雷认为这颗彗星在1378年、1456年、1531年和1607年出现过,而每两次出现的间隔分别是75年、76年、75年和78年。这些结果对于哈雷来说,似乎是在暗示这颗彗星总是规律性地出现,但对于牛顿全新的、精准的理论要求来说,还是显得太粗略了。

最终,哈雷找到了关于彗星轨道微小改变的解释。显然,它接近木星时的情况会因为穿过太阳系或经过地球而发生变化。这颗巨大的星体所带来的引力足够影响彗星原有的轨道,而其绕行周期也就因此改变。当哈雷将木星引力的影响代入彗星轨道修正计算时,他发现牛顿的理论可以很精确地解释彗星在太阳系中的运行。他进而预言,这颗彗星将在1758—1759年的冬天再度出现。可惜无论是哈雷还是牛顿都没能活到验证哈雷的预言是否准确,但事实证明如此。这颗彗星于1758年的圣诞节出现了。它被命名为哈雷彗星(或彗星哈雷),以此来纪念这位第一个计算出它的轨道的英国天文学家哈雷。现在,哈雷彗星已被确认为出现在黑斯廷斯战役中,并且让那3位智者亲临耶稣的诞生。这颗彗星的上一次出现是在1986年,而下一次将是在2016年。

太空漫游时代的到来为天文学家提供了研究彗星结构、组成以及运行的新方法。1985—1986年,至少有6架航天飞船实施了对彗星的探测。其中第一次是由美国国家航空航天局派出的国际日地探险家3号（International Sun-Earth Explorer 3 ISEE-3），它在完成对太阳的探测后，将在1985年的9月穿越彗星贾科比尼-席那（Comet Giacobini-Zinner）的尾部。于是，它又被更名为国际彗星探险家（ICE, International Comet Explorer）。1986年3月，国际彗星探险家以相对于哈雷彗星1 700万英里（2 800万千米）的距离对其进行观测。

1986年对哈雷彗星近距离的探测，也促成了另外5架独立航天器的发射，旨在研究彗星的结构和组成：维伽1和维伽2（Vega Ⅰ 和Vega Ⅱ，苏联）、吉奥托（Giotto，欧洲航天局）以及Sakikage 和Suisei（ISAS, Institute of Space and Aeronautical Science，日本空间与航空科学研究所）。尽管这5次发射所取得的成果有多有少，但是它们向地球传输的影像和数据为我们展现了彗星研究无与伦比的广阔前景。

1999年2月7日，美国发射了第一艘专门用于探测彗星的航天器——星尘号。它在2002年11月2日经过小行星安妮·弗兰克（AnneFrank），然后驶向目的地——怀尔德2号彗星（Comet Wild-2）。2004年1月2日，星尘号在一切设备正常运转的情况下，以时速13 650英里（21 960千米）飞越怀尔德2号彗星。航天器上装载的相机拍下了有史以来最好的彗星表面照片（图6-1）；同时，一种网球拍形状、充满了称为气凝胶的硅基泡沫的粒子收集器，也从彗星的彗发（彗核周围由气体和尘埃组成的云状物）中捕获了粒子。这些进入泡沫的粒子被转移到一个降落伞中，并于2006年1月15日降落在美国犹他州盐场上。星尘号的分光计则记录了从彗星的彗核、彗发以及彗尾发出的光谱。科学家们将对星尘号多年来收集到的照片和粒子样品进行分析。

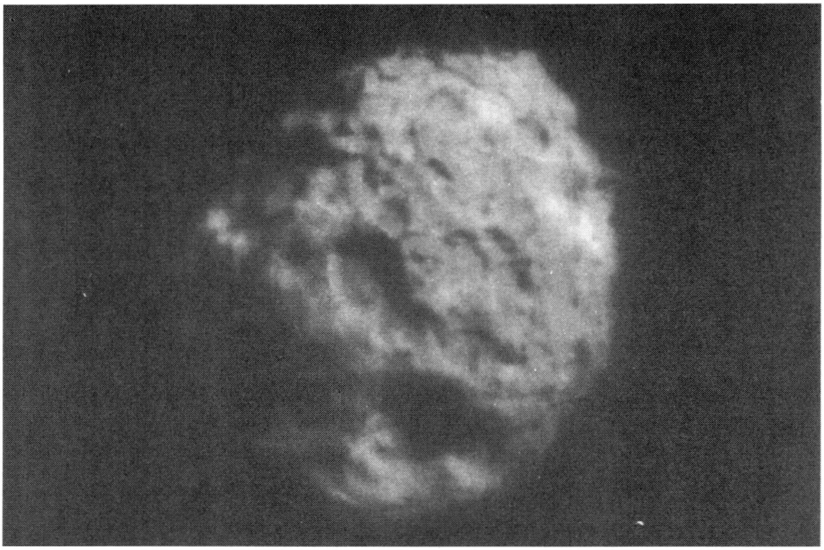

这张Wild-2彗星的照片，是星尘号航天器上装载的导航相机于2004年1月2日距其约300英里（500千米）处拍摄的。（美国国家航空航天局/图片研究者有限公司）

图6-1 Wild-2彗星

埃德蒙·哈雷（1656—1742）

18世纪初期，整个科学领域的规模还很小，学科内的专业人士之间交流异常紧密。所以，当时顶级物理学家、化学家、天文学家互相之间非常熟悉，甚至共同工作都是很正常的。

埃德蒙·哈雷（Edmund Halley）与艾萨克·牛顿爵士之间正是如此。哈雷二十多岁时认识了牛顿，两人很快就成为朋友，互相支持对方的研究。哈雷鼓励牛顿完成名著《自然哲学之数学原理》（*Mathematical Principles of Natural Philosophy*）。这部书与之前的《原理》（*Principia*）同样成为科学史上最具影响力的著作之一。1687年，哈雷为《自然哲学之数学原理》的出版提供了经济上的支持。作为回报，1696年，牛顿委派哈雷出任在切斯特（Chester）铸币厂的监管。

两个人之间最重要的联系，恐怕是哈雷利用牛顿的重力理论来解释彗星的运行了。在《原理》（*Principia*）出版后的10年内，科学界认同了牛顿关于行星以及月球绕地运行的解释。这套理论同样解释了一系列地球上经典的物理现象。然而，其他科学家们并不十分肯定牛顿的理论能够在涉及行星、彗星、流星以及其他天体运行时有更广阔的应用。1682年，哈雷开始研究彗星运行轨迹时，他的工作使牛顿的理论展现出比先前更大的作用。

哈雷1656年11月8日生于伦敦附近的海格斯顿（Haggerston）。他先后就读于伦敦圣保罗学校和牛津大学。哈雷很早就对天文学产生了兴趣，并在牛津主修了这门学科。期间，他撰写、出版了一本讨论开普勒（Johannes Kepler, 1571—1630）定律的书。这本书引起了英国皇家学会天文学家约翰·弗拉姆斯蒂德（John Flamsteed, 1646—1719）的注意。

弗拉姆斯蒂德建议哈雷在南大西洋的圣海莉娜岛（St. Helena）上建立一个实验室，因为那可以让哈雷开展一项从未有人尝试过的工作——为南半球绘制一幅星相图。哈雷接受了挑战，在还未取得学位的情况下，于1676年离开了牛津大学前往圣海莉娜岛。当他在1678年回到英国时，他只能标记出34颗行星的位置，但是由于他的工作开了先河，他所得到的记录结果多少为自己带来了一些名气。

哈雷22岁从圣海莉娜岛回来时，成为皇家学会的一员。他前往欧洲大陆，利用了后来10年的大部分时间参加会议，拜访这里的其他皇室的科学家。1684年，哈雷28岁时，他的父亲死于非命。老哈雷是一位富有的商人，他为儿子留下了一笔可观的遗产。但是，这份经济保障没持续多长时间，因为哈雷将大部分遗产用于赞助牛顿《原理》一书的出版。很快，哈雷不得不因为日益拮据的经济状况而四处找工作。1685—1693年，哈雷在皇家学会中担任过不同职位，比如1696—1698年，担任皇家铸币厂管理员；1698—1700年担任皇家海军的指挥官；1704年，他被萨维尔（Savilian）教授委派，在牛津大学讲授几何学。直到1720年弗拉姆斯蒂德去世，哈雷继承了他的皇家天文学家的头衔。1742年1月14日，哈雷在格林尼治辞世。

哈雷在天文学领域的研究并不局限于彗星。他另一个感兴趣的领域是天文学的历史。他阅读了很多早期天文学家的著作，包括托勒密（Ptolemy）、阿波罗尼奥斯（Apollonius）、亚历山大的梅涅劳斯（Menelaus of Alexandria）等人的著作以及经过翻译的、不同来源的作品。他最重大的成果之一，就是发现他得到的天空中行星位置，与古希腊时期的天文学家作出的结论相比发生了改变。哈雷认为这可以说明，如果以古希腊人所得的星相图为基准，实际上这些行星的确是在移动，而其他的天文学家们还从未考虑过这种可能性。于是他得以解释大角星（Arcturus）、前犬星（Procyon）、天狼星（Sirius）这3颗特殊的行星是怎样在自己和开普勒所在的历史时期之间（短短1个世纪内）改变位置的。

美国彗星探测的第二个成功，就是1998年10月24日从卡纳维拉尔角（Cape Canaveral）发射的深空1号（Deep Space 1）。理论上它的目标是测试不同的航空技术，它于1999年9月完成了这项基本使命。接下来它的任务就扩展到包括飞行经过布洛利彗星（Comet Borrelly），而这也在2001年9月22日完成了。深空1号带回了彗星的黑白照片，红外光谱仪的读数记录、放射性铁和电子的数据以及对彗星附近的磁性区域和等离子脉冲的测量。

美国国家航空航天局最近的彗星探测计划由深度撞击（Deep Impact）和罗塞塔（Rosetta）两只航天器担任。深度撞击已于2005年1月12日发射，其目标是谭普1号彗星（Comet Tempel 1）。航天器在2005年7月3日到达谭普1号，并向它抛射了一枚重达770磅（350千克）的铜制收集器。航天器上的相机和分光仪拍照并收集了从彗核弹出的星体样品，然后再将信息传送给地球上的科学家。罗塞塔是在2004年3月2日发射，目标为丘留莫夫-格拉西缅科67号周期彗星（Comet 67P/Churyumov-Gerasimenko）。在彗星不断向太阳靠近的过程中，航天器将花大约两年的时间绕其运行、进行观测，并将向彗星表面释放一套装备，首次登陆。

并不是所有的太空彗星探索都像星尘号和深空1号这样成功。美国国家航空航天局2002年7月3日发射的彗核旅行号（CONTOUR或Comet Nucleus Tour），原计划于2003年11月12日到达并探测恩克彗星（Comet Encke），2006年6月18日抵达施瓦斯曼-瓦赫曼3号彗星（Comet Schwassmann-Wachmann 3）。但是，在2002年8月15日，彗核旅行号与地球的联系全部中断，探测计划也被彻底取消了。

1955年，美国《国家地理》杂志（*National Geographic*）宣称发现新彗星，称其为"重要事物中最微不足道的，但仍然是重要的"（"the nearest thing to nothing that anything can be and still be something"）。相对于其他天体来说，这颗彗星是如此的小，以至于它接近太阳时才能被观察到，因为此时彗星上的一些物质会汽化，从而显现出其表面物质组成。彗星的中心部分（如图6-2所示）称为彗核。彗核所占体积很小，直径不超过几千米。航天器维伽和吉奥托确定了哈雷彗星的彗核，约为8.8 × 5.1 × 4.6（英里）（14.2 × 8.2 × 7.5千米），近于一座大山的规模。在一颗彗星向太阳靠近的过程中，一些构成彗星的物质将被汽化，在彗核外围延展成彗发，长度能够达到10^5千米。

彗尾是整个彗星最引人注目的部分，它总是从彗核和彗发沿背

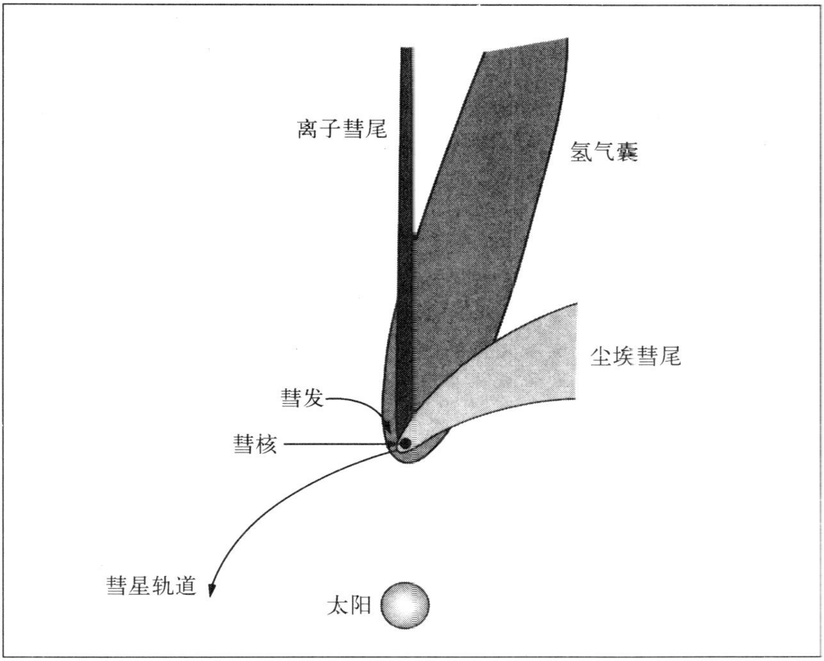

图6-2　彗星的结构

向太阳的方向延伸开来。彗尾由两条轨迹构成，其中一条是沿直线伸展，另一条则是一条弹道曲线。第一种为离子或气体彗尾，它是由彗核和彗发中的中性原子和分子受太阳辐射而电离形成的。离子彗尾中包括CO^+、CH^+、OH^+、CN^+、$CO_2{}^+$和N^+。然后这些离子会被含有从太阳排放的带电粒子的太阳风带走。离子彗尾能够被看到，一方面是因为它对阳光的反射，另一方面是由于粒子被电离激发后自发辐射。所以，离子彗尾发出的光谱就变得十分复杂。

第二种彗尾——尘埃彗尾，是在太阳辐射下，从彗发中甩出的微粒性物质组成。尘埃彗尾能够被观察到的唯一原因，就是其微粒的组成方式可以反射太阳光。彗星尘埃的成分与星际尘埃相似，但是我们却对它们的组成结构知之甚少。2003年4月，美国国家航空航天局发射了一艘太空实验室，用来更好收集关于彗星尘埃结构和组成的数据。高海拔搜寻飞机穿越了外层大气，并直抵格里格-斯基艾勒鲁普彗星（Comet Grigg-Skjellerup）的尾部。飞机上的特制收集器用来在彗星尘埃中“铲取”样品，而相应的分析将持续数年。

彗星结构的最后一个组成部分就是伸出的氢气区域。这个氢气囊包裹在彗发外，并沿与太阳相反的方向延展几百万千米。其中氢气的来源尚未搞清。在一些彗星中，氢气产生的速率（每秒10^{29}个氢气分子）对于一个彗星的彗核来说简直多得惊人。当下最被认可的观点是，在太阳光下，彗星上的水先被分解成OH原子团，然后再分解形成氢气。

也许对彗星最好的概括，出自一位美国天文学家、彗星研究的权威——弗雷德·惠普尔（Fred Whipple，1906—2004）。惠普尔称彗星为“脏雪球”，这个比喻是很恰当的，因为彗核的基本组成部分就是冰、氨、二氧化碳、甲烷以及尘埃粒子的混合物。一个远离太阳的彗星无法被观察到的本质原因就是它的彗核太小、太暗了。当一颗彗星接近太阳时，太阳辐射会将组成彗核的冰汽化。于是这些气体就和彗核中的部分尘埃一起逸散，形成了我们所熟悉的、彗星出现时的壮观景象。

彗星主要可以分为短周期和长周期两种。短周期彗星的运行周期短于200年，也可再分为两类：周期短于20年的木星族彗星（或称木族，Jupiter family）和周期在20~200年的哈雷族彗星（Halley group）。

我们所知的运行周期最短的彗星称为恩克彗星（Comet Encke），它每环绕太阳系只需3.3年。它在近日点与太阳间距在0.33AU之内。缩写AU是一个天文学单位，距离约9 300万英里（1.5亿千米），近于日地距离。短周期彗星沿低偏心椭圆（即近于圆形而非扁长）轨道运行，并与黄道平面成小倾角（即彗星运行平面与其他大行星一致）。

长周期彗星沿轨道运行一周要超过200年。基于一些数学近似，长周期彗星的绕行周期可达数万乃至数十万年，这其中还包括那些只进入过太阳系一次就又堕入星际太空中的。与短周期彗星不同，长周期彗星运行平面与黄道平面呈现任意倾角。作为对比，如果短周期彗星运行在几大行星所在的“圆盘”上，那么长周期彗星就是运行在以太阳为中心的球面上。

天文学家曾利用不同轨道的长、短周期彗星，为每种彗星假设一个可能的来源。第一个去建立这种理论的人是荷兰天文学家奥尔特（Jan Hendrick Oort，1900—1992）。奥尔特指出，既然长周期彗星可以在天空中任意位置出现，那么它们的“起始点”一定在太阳系之外。他计算了这个“起始点”可能包括距地球5万~10万AU的球壳残体。这个壳或云（现在称为奥尔特云）状态非常稳定，而且一些孤立的部分（彗星）只有在太阳系过于逼近一颗行星，一片星云或其他某些大型星体时，才会脱离原位置。在这种情况下，这颗彗星要么朝着太阳系运行、可在地球上被观察到，要么远离太阳系并堕入无边的星际空间。

奥尔特关于长周期彗星的“起始点”的解释却不适用于短周期彗星。如前所述，后者的运行并非任意，而是被束缚在其他大行星所处的平面内。于是荷裔美国天文学家柯伊伯（Gerard Peter Kuiper，1905—1973）于1951年提出了关于这些彗星本源的解释。他认为短周期彗星的“起始点”是一个从海王星所在轨道向外延伸的盘子形区域，距离太阳约30~100AU。同样，组成这个环带的残体十分稳定，仅当太阳系从某些大型天体旁掠过时，一些碎片才会受其强烈的引力而脱离原始位置。

这些关于轨道的解释具有误导性，因为彗星的运行会受到大量因素的影响，其中最重要的因素就是这些大行星自身，特别是质量巨大的木星。一颗彗星在途经木星时，这颗行星的巨大引力会使其轨道偏转（在这一章的前面曾经讨论过木星的引力场是怎样影响哈雷彗星的通常运行轨迹的）。木星同样会影响从旁经过的长周期彗星的轨道，将它们转变为轨道可计算的、绕太阳旋转的短周期彗星。相应的，短周期彗星因为与木星距离太近而获得一个额外的推力，从而将它们送出太阳系，进入星际空间。

长、短周期彗星的化学组成不尽相同，而造成这一点的最重要因素很有可能就是，短周期彗星靠近太阳的时间更长一些。每当一颗彗星经过一次太阳，它都会因太阳辐射而释放气体，导致质量减少。结果是，短周期彗星含有更少的挥发性物质（在相对低温就汽化或升华），比如冰、固态甲烷和固态氨等。

几乎所有关于彗星组成的确定的信息，都来源于这3个渠道：（1）苏联发射的两艘维伽航天器以及欧洲航天局发射的吉奥托航天器从哈雷彗星收集到的数据；（2）对彗发的光谱分析，尤其是对于从地球上看非常明亮的彗星，比如海尔-波普彗星（Hale-Bopp）和百武彗星（Hyakutake）；（3）实验室中对彗星结构的模拟。

基于以上信息来源，科学家们估算出彗核中含有约42%的挥发性化合物（这其中又有80%是水）和58%的固体颗粒，一般称为“尘埃”。这些彗核尘埃中的45%成分接近于流星当中的碳质球粒状陨石，即主要成分为硅酸盐（碳质球粒状陨石将在下一部分中主要讨论）。另外40%的彗核尘埃属于有机物，即由复杂程度不同的含碳化合物组成。剩下的15%尘埃，由质量很小的、只有几阿克（10^{-18} g）的微粒组成。

至少有三十余种存在于彗核或彗发的气态物质被确定下来，包括H、O、OH、NH、NH_2和S。根据一般推测，当太阳光导致彗核中基本组成物的结构破坏时，就会生成这些气体，如冰、固态氨、甲烷以及硫化氢。除此之外，被确定的还有乙炔（C_2H_2）、乙腈（CH_3CN）、异氰（HN=C）、氰化氢（HCN）、甲醛（H_2CO）、甲酸（HCOOH）、异氰酸（HNCO）、丙炔腈（HNC=CCN）以及硫甲醛（$H_2C=S$）。表6-1列出了一部分彗星上存在的气体化合物。

表6-1　彗星中一些气体的分子丰度

物质	丰　度*	彗　　星
H_2O	100	哈雷，黑尔-波普，威尔金，其他许多
CO	2~20	哈雷，奥斯汀，其他一些
	2~8.5	哈雷，奥斯汀，白兰地，莱威哈雷
	<1	哈特雷2
	5	哈库塔特
	30~43	哈库塔特
	20	黑尔-波普

物质	丰 度*	彗 星
CO_2	2.7	哈雷
	3.5	哈雷
	4~7	哈雷，奥斯汀，布莱德菲尔得，哈特雷2
	7~13	莱威哈雷
	4	哈库塔特
	6	黑尔-波普
H_2CO	0.03~1.5	一些
	4	哈雷
	>3.8	哈雷
	0.2~1	哈库塔特
	~1	黑尔-波普
CH_3OH	1~7	一些
	1~7	哈雷
	0.9~2	哈库塔特
	2	黑尔-波普
C_2H_5OH	<0.5	莱威哈雷
HCOOH	<0.2	奥斯汀，莱威哈雷
	0.05	黑尔-波普
CH_4	>0.5~2	哈雷，威尔金，莱威哈雷
	2	哈雷
	0.7	哈库塔特
	~1	黑尔-波普
C_2H_2	0.4	哈库塔特

续 表

物质	丰　度*	彗　　星
	~0.5	黑尔-波普
NH_3	0.1~0.4	一些
	0.4~1	哈雷
	0.5~2	哈雷
	0.55	哈雷
	0.3	哈库塔特
	1.4	黑尔-波普
HCN	0.05~0.2	一些
	0.02	哈雷
	0.1~0.2	哈库塔特
	0.2	黑尔-波普
HNC	0.007	哈库塔特
	<0.004	黑尔-波普
HNCO	0.07	哈库塔特
	0.04~0.13	黑尔-波普
CH_3CN	0.02	哈库塔特
	0.02	黑尔-波普
HC_3N	<0.02	哈雷，莱威哈雷
	0.019	黑尔-波普
N_2	0.02~0.2	哈雷，布莱德菲尔得
	<1.5	哈雷
H_2S	0.1~0.3	奥斯汀，莱威哈雷
	0.4~0.5	哈雷

续 表

物质	丰 度*	彗 星
	0.3~0.6	哈库塔特
	1.6	黑尔-波普
CS_2	0.1	一些
	0.2	黑尔-波普
S_2	0.005	哈库塔特
OCS	<0.3	莱威哈雷
	<0.5	哈雷，奥斯汀
	0.1	哈库塔特
	0.6	黑尔-波普
SO_2	<0.001	哈雷，布莱德菲尔得
	0.15	黑尔-波普
SO	0.2~0.8	黑尔-波普
He	<3	奥斯汀
Ar	<17	奥斯汀，莱威哈雷
Ne	<0.6	黑尔-波普

*丰度以H_2O=100为标准；由于测试技术的不同，同一个彗星的数值可能不同。表中出现的数据如果是一个区间，则该数据是从两个或更多的彗星上取得的。

资料来源：改编自H. Cottin，M. C. Gazeau和F. Raulin，《彗星中的化学：基于观测、数值模拟和试验模拟所得数据的综述》（*Cometary organic chemistry: A review from observations, numerical and experimental simulations*），选自《行星与空间科学》47（Planetary and Space Science 47），1999，表2，第1148~1149页。

在彗星尘埃中发现的碳质微粒对天文学家和其他科学家们来说是极具吸引力的。这些微粒中常包含非常复杂的有机分子，具备含有生命活性的复杂生化分子的初期形式。表6-2中列出了一些可能已被观察到的有机分子，天文学家们对每一种都标明了相应的确定程度。

表6-2　彗星中已确定的有机分子

分　子	确证水平	分　子	确证水平
氢氰酸	已确证	甲醛	已确证
乙腈	已确证	甲酸	已确证
乙醛	高	吡咯	中
乙酸	高	咪唑	中
聚甲醛	高	吡啶	中
亚氨基乙胺	中	嘧啶	中
乙胺	中	环丙烷	中
吡咯啉	中		

* 天文学家们对每一种物质存在性的确定程度

资料来源：改编自H. Cottin, M. C. Gazeau和F. Raulin,《彗星中的化学：基于观测、数值模拟和试验模拟所得数据的综述》(*Cometary organic chemistry: A review from observations, numerical and experimental simulations*)，选自《行星与空间科学》47 (Planetary and Space Science 47)，1999，表3，第1150页。

除了表中列出的分子外，还有另外二十余种的化合物可能在彗星上出现过，虽然支持其存在的证据尚不够充分。其中包括戊炔、乙炔、丁二烯、戊二烯、环戊烯、环戊二烯、环己烷、环己二烯、苯、甲苯、丙腈、嘌呤、腺嘌呤、氰酸和黄嘌呤。还有其他大量碳质物种被观测到，如C^+、CH^+、CO^+、CO_2^+、C_2、C_3、CH和CN。

近来在彗星上发现的、最令人感兴趣的有机分子要数甲醛(CH_2O)的聚合物——聚甲醛[$(—CH_2—O—)_n$]，或称为POM，以及六次甲基四胺(HMT，$C_6H_{12}N_4$)。现在人们认为，正是这两种化合物形成了其他的小分子化合物，比如前段所列的（由聚甲醛生成）以及CN和HCN（由六次甲基四胺生成）。例如，聚甲醛在分解时不仅仅形成单体甲醛，同时还生成其他较简单的小分子，像CH_2系物质和单独的氧原子（O）。

天体化学家们意识到，那些从彗星上最易观察到的物质——小分子、离子和自由基，如H、O、OH、C^+、CH^+、CO^+、$CO_2{}^+$、C_2、C_3、CH和CN——几乎都由深埋于彗核内更复杂的分子光解离形成。太阳能对彗星上水分子的作用就是一例。当太阳辐射能（hγ）被水分子接收，导致分子分解为多个部分。可能的反应如下：

$$H_2O + h\gamma \longrightarrow H + OH$$

$$H_2O + h\gamma \longrightarrow H_2 + O$$

$$H_2O + h\gamma \longrightarrow H + O + H$$

辐射也能同时使水分子发生光致电离，即生成一个电子并使水分子带上电荷：

$$H_2O + h\gamma \longrightarrow H_2O^+ + e^-$$

光解离比光致电离更易发生，因为解离所需的能量远低于光致电离。实际上，每当一个水分子从彗核中逸散出来进入彗发时，平均来说它会在25秒内被太阳辐射分解。相反，一个水分子被太阳能离子化平均需要数小时。这个反应在水分子运动1 AU的距离、到达彗尾时更容易发生。结果就是彗发中存在大量水分子经解离后形成的中性碎片，例如H和OH，而离子，如H^+和自由电子，就更容易在彗尾找到。

类似的讨论同样适用于其他化合物上。比如，碳、氮、硫和它们的化合物更易在彗发处光解离，而在距彗核较远处发生光致电离。这一连串的推理与观察到的结果相一致：彗发中包含大量C_2、C_3、CH、CO、CO_2、CN、NH、NH_2、CS、COS和S，而彗尾中则更多的是离子类物质，如C^+、CH^+、CO^+、$CO_2{}^+$、$N_2{}^+$和CN^+。

从对彗星中的有机分子的研究中，可以得到一个耐人寻味的结论，那就是这些分子可能曾经为地球播下了生命的种子。一些科学家指出，这些简单有机分子在彗星与地球的撞击中保留了下来，并为更复杂分子的形成奠定了基础。随着这些分子的不断反应、伸长，它们最终变成了原始地球上最简单的生命有机体。

目前有两个证据支持这种假设。一个是复杂生化分子的前期形式已经被搞清，如在上表中列出的信息。另一个是在实验室中，验证:（1）在彗星中发现的有机分子能否在彗星与地球的冲撞中存留下来；若是，则（2）它们是否能形成更复杂的、具有生物活性的有机大分子。

在过去的几年中，许多这类实验都在进行，并接连取得令人振奋的结果。例如2001年，美国阿贡国家实验室（Argonne National Laboratory，ANL）、美国加州大学伯克利分校（the University of California at Berkeley，UCB）以及美国劳伦斯伯克力国家实验室（Lawrence Berkeley National Laboratory，LBNL）模拟了彗星对地表高速撞击下的冲撞效果。科学家们将一枚苏打易拉罐大小的子弹射入一个靶子，靶子的金属外壳内包含了一滴混合着氨基酸的水。结果那些氨基酸不仅在冲撞中保留下来，而且很快开始聚合、形成二肽（两分子氨基酸形成的单元）、三肽（三分子氨基酸形成的单元），并最终形成更复杂的肽。当这种聚合不断进行时，更多复杂的、被称为多肽的化合物分子生成了。多肽即为蛋白质，是生物化学中最基本的类别，并由此形成生命有机体。虽然生命源于彗星的理论仍备受争议，但实验证明这是可能的。詹妮佛·布兰克（Jennifer Blank at UCB）说："我们的实验结果，证明有机化合物来自外层空间的观点，鉴于撞击的严重性，是站得住脚的。"

流星、流星体和陨星

当被要求描述我们的太阳系时，大多数人会提到太阳、八大行星和它们的卫星。一些人会提到小行星（下一部分的主体）和彗星。还有一些数量更少的天体——流星也同样是太阳系的一部分。流星的重量从几克到超过10吨，绕行时与太阳的距离比地球近。一直以来，流星常因与地球距离过近进入地球大气层，在天空中划过一条亮线，并被称为"飞驰之星"（shooting stars）。这个名字可以追溯到几个世纪之前，当时一些观察者相信这条亮线是星星划过地球大气层所致。而天空中同时出现很多流星的现象被称为"流星雨"。

流星进入大气层后，会因与气体摩擦而达到高温，并最终燃烧，在到达地表前化为灰烬。只有极少数流星能在这之前坠落到地球上，成为陨石。

任何严谨的天文研究都不会忽略流星的存在。所以它们出现在最早期的天文记录中再正常不过了。关于流星雨的最古老记载，可追溯到公元前654年的中国。之后一些更壮观的、规律性出现的流星雨也同样被记录下来，而人们也不断试着去解释它们。著名的英仙座流星雨（Perseid meteor shower）在每年8月初出现，而相关记载最早见于公元36年的一部中国著作；每年11月中旬出现的狮子座流星雨（Leonid meteor shower），最早也是由中国天文学家在公元902年记录下来的。

类似的内容可见于人类社会的不同历史记载中。伴随着这些记录的是大量关于流星的产生、来源以及意义或预示的解说。一些学者提出了不同看法，比如说它们是从月球或地球火山的大块岩石上脱离出来的，或者是从月球表面抛落下来的，也可能是较小的岩石碎片在地球大气中穿梭时聚集而成的，还有可能是来自于太阳系外的某些岩石类物质。与彗星一样，流星也被认为具有预示作用或象征含义。在一些文化中，它们被当做上帝、女神、天使或其他超自然力量散落在地球上的礼物。而在另一些文化中，它们象征诸神及其使者的怒火或惩戒。

1803年4月26日，大约2 000枚陨石坠落在法国艾高——人们对陨石的研究迎来了一个转折点。这个事件被法国物理学家让·巴蒂斯特·毕奥（Jean Baptiste Biot，1774—1862）记录并报道出来。他对陨石的详尽描述使其他研究者们相信，陨石来自星际空间，并非产生于地球。很快，科学家们对这一发现的巨大意义给予了充分肯定，因为它第一次为人类提供了太阳系中除地球之外的物质性质的直接信息。

但是，陨石研究在30年之后才真正获得它的科学地位。1833年11月12日，一次伟大的狮子座流星雨宣告了陨石学的诞生。天文学家丹尼森·欧姆斯德（Dennison Olmsted）和廷宁（A. C. Twining）在分析了这次流星雨的观测结果后，得到的结论是所有的流星都来自天空中的某一点，即星际空间中某一天体。一段时间之后，1863年，耶鲁大学天文学兼数学家休伯特·安森·牛顿（Hubert Anson Newton，1830—1896）通过计算狮子座流星的轨道，得出其周期为33年。他深信这一次就是早在公元902年记录的那场流星雨的周期性出现，并预测在1866年还会发生同样的流星雨——事实证明这个预测是正确的。

陨石大体分为两类："坠落"类和"发现"类。前者是由于它的坠落确实被人观察到，并且最终可以被追踪和找到。而另一种则是在地球上被发现，但没有证据证明它是来自太空中的。在一篇陨石类综述中，根据《铁陨石手册》提供的数据，55%的陨石属于"坠落"类，而剩下的属于"发现"类。

多年以来，科学家们逐渐发展出一套十分具体并且较复杂的陨石分类方法。它的分类主要以化学成分为依据，并适当参考陨石的物理性质。表6-3概括了这套方法的主要内容。

表6-3 陨石的分类

石型		铁型	石-铁型
球粒状陨石	无球粒陨石		
顽火辉石		六方陨铁	橄榄石铁陨石
普通球粒状陨石： H球粒状陨石 L球粒状陨石 LL球粒状陨石	古铜钙长无球粒陨石： 钙长辉长陨石 奥长古铜无球粒陨石 辉熔长石无球粒陨石	八面体陨铁	中铁陨石
含碳球粒陨石	透辉橄无球粒陨石	无结构铁陨石	
凯肯格瑞（Kakangary）型	橄辉无球粒陨石		
偌姆偌泰德（Rumurutiite）型	顽火无球粒陨石		

所有的陨石都要先被分入三大类：石陨石、铁陨石和石铁陨石。顾名思义，石陨石无论是外部形态还是化学组成，都与在地球表面找到的岩石类似。石陨石又被分成两类：球粒陨石和无球粒陨石。球粒陨石的结构中有很多直径约1毫米的小球，称球状物，其中包含曾经熔化、之后又重新凝结，进而形成陨石的矿物。而没有这种球状物的石陨石就是无球粒陨石。

接下来，球粒陨石还可以根据其化学组成再分成五类。其中包括顽火辉石球粒陨石（enstatite chondrites）、富含顽火辉石——一种镁硅酸盐$Mg_2Si_2O_6$。这种物质同样可以根据铁含量和球状物的形态分成13种。例如一种EH3陨石，E代表顽火辉石球粒陨石，H代表较高的铁含量，而3代表球状物的数目之多。

普通球粒陨石（ordinary chondrites）也可以按铁含量和球状物的形态继续分类。例如，一种LL7球粒陨石只含极低的铁（约2%），而且它的球状物大部分已熔入陨石中了。

碳粒陨石（carbonaceous chondrites）中含有以不同形式存在的碳元素。这个名称中包含了碳的存在，碳的不同形式［例如伊武纳（Ivuna）型、奥尔南（Ornans）型、维伽拉诺（Vigarano）型、米格雷（Mighei）型］以及这些形式所占比重的不同。比如一种CV2陨石，属于碳粒陨石中经过温和转变的维伽拉诺型。

从某种意义上说，碳粒陨石对科学家来说是最令人感兴趣的一类了。这类陨石中含有相对含量较高的水（占总质量的20%）和小分子烃类。这一点的意义在于，水与小分子烃都易挥发，并且在低温极易蒸发。任何内含烃和水分子的陨石，都不会发生其他太阳系中的天体在太阳照射下经历的改变。因此，这类陨石成为仍保留太阳系早期状态的典型。

另外碳粒陨石值得关注的一点，就是其中复杂有机分子种类之多，令人称奇。科学家们已从中发现了氨基酸和含氮碱。氨基酸是蛋白质的组成部分，而含氮碱则是构成核酸（如DNA和RNA）的重要原料。研究者们甚至从1969年在澳大利亚墨尔本北部60英里（100千米）处坠落的默奇森陨石（Murchison meteorite）中提取出92种氨基酸。在这92种氨基酸中，只有19种能在地球上找到。关于其他陨石的研究显示，类似于默奇森陨石的情况不在少数。事实上，很多碳粒陨石中都含有氨基酸。

这个发现的潜在意义是非常深刻的。如果氨基酸和含氮碱在流星中出现，那么流星能否成为地球生命的来源之一呢？鉴于在这个问题上仍有许多工作亟待开展，显然这种可能性不能被排除。

凯肯格瑞型（Kakangari，即K型）陨石和偌姆偌泰德型（rumurutiite，即R型）陨石是地球上发现的球粒陨石的最后两大类。

如前所述，无球粒陨石是没有球状物的球粒陨石。它们在物理结构和化学组成上都有很大不同，因为前者经历了极端的高温环境，并至少导致了部分熔化。由于很多原因，这种熔化形成了层叠结构，石质外壳包含大量的钠、钾、钙、稀有金属硅酸盐和硫化铁镍核。无球粒陨石还可再按化学组成分成二十余种。例如，奥长古铜无球陨岩（diogenites）包含了几乎所有斜方辉岩（orthopyroxenite）的矿物种类，而钙长辉长陨石（eucrites）则含有约60%的辉石族（pyroxenes）种类和30%的斜长石（plagioclase）种类以及少量的钛铁矿、铬铁矿、磷灰石和石英。科学家们猜测，一些无球粒陨石来自月球和火星，分别称为月陨石系（Moonmeteorites，the LUN group）和火星陨石系（Marsmeteorites, SNC group）。

陨石的第二大类别——铁质陨石的特殊性在于它的成分几乎全部是铁，并熔有镍或其他金属。两种铁镍合金一般可以在铁质流星中找到，比如在天然镍铁合金（kamacite）中镍含量很低，而在镍纹石（taenite）中却很高。铁质陨石是根据它们的物理结构和化学成分来分类的。从物理上说，铁质陨石被分为六方陨铁（hexahedrites），八面体陨铁（octahedrites）和无结构铁陨石（ataxites）。六方陨铁中含有天然镍铁合金而非镍纹石，还含有低于6%的镍。八面体陨铁中则两种都有，而且镍含量超过17%。

尽管陨石中最主要的成分是铁和镍铁质，但也常包含少量其他一些元素。这些元素为第二种依靠化学成分分类的方法提供了依据，即可以此再分成13种。例如铁质陨石中的IAB系含有硅酸盐、硫化铁和黑石墨结块；IID系可以由镓和锗的含量辨别出来，而IC系则依靠金和砷。

陨石的第三大类——石铁质陨石，同样基于化学组成而被分成两大类：橄榄石铁陨石（pallasites）和中铁陨石（mesosiderites）。橄榄石铁陨石包含橄榄石（olivine）晶体和其他以铁镍合金为主体嵌入的矿物。而中铁陨石的结构更加复杂，包括辉石、斜长石、橄榄石和其他混合着铁镍合金的矿物。现在一些专家发现很多别的种类的石铁陨石，主要成分不同于以上两种，而且其他的矿物种类也不尽相同。

如今，在不同的陨石中，先后有百余种矿物被鉴定出。在表6-4中列出了其中一部分。由于各种原因，一些矿石种类中只有很小一部分得到确认，尽管其他种类可能含量极为可观。

陨石学中最关键的问题之一就是陨石的来源。当它们被确定不是在地球上或大气层中产生时，问题就变成为它们找到一个合理的来源。

表6-4　陨石中发现的矿物

类　型	例　　子	公　　式
金属	铜	Cu
	铁纹石	Fe和Ni的合金（<6% Ni）
	镍纹石	Fe和Ni的合金（>6% Ni）
	四镍纹石	Fe和Ni的合金
	铁镍矿	Ni_3Fe
非金属	硫	S_8
	碳（石墨、金刚石和六方碳）	C
氧化物	刚玉	Al_2O_3
	钙钛矿	$CaTiO_3$
	白钨矿	$CaWO_4$
	赤铁矿	Fe_2O_3
	磁铁矿	Fe_3O_4
	尖晶石	$MgAl_2O_4$
	石英、鳞石英、方晶石	SiO_2
	斜锆石	$FeTiO_3$
硫化物	硫铁矿	FeS
	白铁矿、黄铁矿	FeS_2
	黄铜矿	$CuFeS_2$
	方黄铜矿	$CuFe_2S_3$
	希兹硫镍矿	Ni_3S_2

续　表

类　型	例　　子	公　　式
	褐硫钙石	CaS
	闪锌矿	$(Mg, Fe)S$
碳化物	碳铁矿	$Fe_{23}S_6$
	氮铬矿	CrN
	陨氮钛石	TiN
	氧氮硅石	Si_2N_2O
硅酸盐	橄榄石	$(Mg, Fe)_2SiO_4$
	顽辉石	$MgSiO_3$
	铁辉石	$FeSiO_3$
	钙硅石	$CaSiO_3$
	正长石	$KAlSi_3O_8$
	陨铬石	$NaCrSi_2O_6$
	锆石	$ZrSiO$
卤化物	陨氯铁	$FeCl_2$
含氧酸盐	方解石、霰石、秋霰石	$CaCO_3$
	磷灰石	$Ca_5(PO_4)_3(OH, F)$
	石膏	$CaSO_4 \cdot 2H_2O$
	钠镁矾	$Na_2Mg(SO_4)_2 \cdot 4H_2O$

资料来源：改编自约翰·S. 路易斯（J. S. Lewis），《太阳系中的物理和化学（修订版）》（*Physics and Chemistry of the Solar System*），圣迭戈：学术出版社（Academic Press），1997，表Ⅷ. 3，第333页。

这个来源几乎可以肯定是太阳系的某个部分靠近地球轨道。对于一个穿过大气层、撞击地面的物体来说，它最初一定是在靠近地球的区域出发的。这里存在4种可能性。第一个就是月球。一些观察者长久以来一直在猜测，一个小行星、彗星或其他的天体在撞击月球表面时，可能激起岩石碎片。这些碎片会进入绕地轨道并最终以流星或陨石的形式到达地球大气层。现在人们认为或猜测存在约50个月球陨石。通过与阿波罗宇宙飞船登月时收集的月球岩石成分进行对比，化学家们已经确认这些碎片来自月球。

（可以提供月球陨石成分的网络资源：http：//epsc.wustl.edu/admin/resources/meteorites/moon_meteorites_list.html.）

第二种可能性是火星。尽管它同地球的距离比月球远得多，火星同样可以因为其他天体的撞击而向地球抛出岩石碎片。现在有约50颗陨石被确定来自火星。

（可以提供陨石成分的网络资源：http：//www.jpl.nasa.gov/snc/nwa1068.html.）

第三种可能是彗星。一些彗星在途经地球时，显然有可能因为与地球轨道距离过近，而导致其彗发和彗尾中的物质在地心引力的作用下进入大气层变成流星，最后成为陨石。但这种看法仍要面对一些很有说服力的反对意见。彗星上的物质形态比陨石细碎得多，而且运行速度要快得多，以至于不可能在与大气的摩擦中保留下来。虽然它们可能形成了某些流星，但它们显然不可能以陨石的形式最终到达地球表面。

不过，仍有很多科学家坚持认为，总有一部分陨石来自彗星。例如1988年，两位分别来自佛罗里达大学和亚利桑那大学月球与行星实验室的天文学家，在他们的文章《是否存在彗星陨石？》中提到，这类陨石的存在是具有很强理论支持的；我们只是还没有找到它们罢了。他们写道:“基于对火流星的研究,我们应该收集像碳粒陨石那样多的彗星陨石。换句话说,我们应该进入收集或辨别彗星陨石的阶段。”

目前已经确定的如此众多种类的陨石,似乎都指向近地球的第四种可能性——小行星。位于火星和木星之间环带的众多小行星,与地球轨道距离近得足以成为陨石的来源;其中一些会周期性地靠近地球,很有可能在地球重力场的作用下进入椭圆轨道,并最终进入地球大气层。现在很多科学家相信陨石是以这种方式(或者)由于较大的小行星在与其他天体碰撞后分裂产生碎片、被拉入地球轨道而形成的。后一种观点可以帮助解释陨石有石陨石、铁陨石和石铁陨石这3个主要类别的原因。如果在小行星带中,一个较大的天体在撞击中分裂,那些外层的碎块(包括岩石类物质)会成为石质陨石的原始部分;来自最内层的碎块(含有铁和镍)将成为铁质陨石的前身;而外壳与内核中间的一层(包括岩石与铁镍类物质的混合物)最终会形成石铁陨石。

小行星

在1772年,德国天文学家巴德·沃尔特(Johann Elert Bode,1747—1826)发表了一篇论文,描述利用一个简单数学公式推得太阳周围已知行星位置的过程。该公式就是有名的巴德公式。事实上这一公式早在6年前就由一位同行戴维·提丢斯(Johann Daniel Titius,1729—1796)发现了,不幸的是巴德没有注意到这一点。在任何情况下，更为人知的提丢斯-巴德定律都能由以下的公式推出：

$$a=\frac{n+4}{10}$$

巴德和提丢斯给定n一系列的数值，如下：

$$n=0、3、6、12、24、48\cdots\cdots$$

这个公式和这些给定的n的数值都不是根据任何观测结果或理论推导得到的。它们之所以是这样，仅仅是由于它们能得出一个很有趣而实用的结果。当将这些给定的n的值代入上述公式中，得到的相应的a的值为：0.4、0.7、1.0、1.6、2.8、5.2等。提丢斯和巴德发表这一定律时，得到的值和已知行星的半轴长十分吻合，如表6-5所示。在提丢斯-巴德定律提出不到10年后，1781年发现的天王星的轨道同样和该定律相当吻合。

表6-5　提丢斯-巴德定律和已观测的行星轨道

行 星	N	A(AU)	
		提丢斯-巴德定律	观测结果
水星	0	0.4	0.39
金星	3	0.7	0.72
地球	6	1.0	1.0
火星	12	1.6	1.52
(不存在)	24	2.8	
木星	48	5.2	5.20
土星	96	10.0	9.54
天王星	192	19.6	19.2
海王星	384	38.8	30.1
冥王星	768	80.0	39.4

该定律的问题在于并不存在一颗与$n=24$相符合，即在距离太阳半轴长为2.8AU位置的行星。在该定律预测的另一位置处发现了天王星，这一事实促使天文学家开始努力寻找和$n=24$位置相符的那颗“失踪”的行星。他们组成了一个国际委员会，在火星和木星之间的区域内仔细地寻找着一个轨道符合提丢斯-巴德定律的天体。

1801年1月1日，意大利天文学家西贝·比雅西（Guiseppe Piazzi，1726—1826）在金牛座发现了一颗天体在24天内不断地变换位置。他把这个天体叫做塞尔斯·费迪兰德（Ceres Ferdinandea），其中塞尔斯是罗马神话中的谷物女神，费迪兰德三世是西西里国王（图6-3）。后来为了方便，该天体被简称为塞尔斯。比雅西发现这颗天体的轨道在火星和木星之间，并写信告诉了巴德这一发现。然而，比雅西的数据又被转交给德国伟大的数学家高斯（Johann Gauss，1777—1855），他计算出塞尔斯的轨道在距离太阳2.767AU的地方，这与提丢斯-巴德公式预测的位置十分接近。当得知高斯的计算结果后，比雅西十分高兴，并认为自己发现了众多天文同行一直搜寻的那颗失踪的行星。比雅西后来写道：“这些搜寻小组的成员立即表示这是一颗新的行星。”

但是，当其他天文学家开始计算这颗新发现的天体的尺度和质量时，这种乐观的看法迅速被推翻——它比已有的行星要小得多。英国天文学家威廉姆斯·赫歇尔（William Herschel，1738—1822）估计这颗天体的直径只有162英里（261千米），约为地球直径的15%。天文学家不禁要问，如此小的天体能够被认为是一颗行星吗？

这个问题从一开始就没有得到解答。在不到10年期间，在距

图 6–3　小行星“塞尔斯”（Ceres）外貌（根据望远镜和太空船得到的数据，利用计算机模拟的）

离太阳相近的位置，又发现了3颗尺度和塞尔斯相似的天体。它们分别是帕拉斯（Pallas），1802年由德国天文学家威尔海姆·奥伯斯（Wilhelm Olbers，1758—1840）发现；朱诺（Juno），1804年由另一位德国天文学家卡尔·路德威·哈文（Carl Ludwig Haring）发现；维斯塔（Vesta），1807年同样由奥伯斯发现。天文学家寻找由提丢斯和巴德预测的行星的工作取得了超过预期的更成功的结果。他们发现了4颗"婴儿行星"，赫歇尔将这些新发现的天体叫做小行星（来自希腊术语，意思是"像星星一样"）。尽管这个术语至今仍被广泛使用，这些天体已被得知是一些微小的行星。2006年，国际天文联合会重新将塞尔斯归为像冥王星以及远距离天体艾瑞斯（Eris）这种新的小行星一类中。

自18世纪早期以来，数以千计的小行星不断地被发现。尽管天文学家们已经发现了220颗直径超过60英里（100千米）的小行星，但是这样的小行星没有确切的数量。人们估计可能存在数十万或数百万的直径超过70英寸（20米）的小行星。表6-6总结了这些主要小行星的一些特征。在第一列中的数字是这些小行星被发现的次序。

表6-6　一些小行星的信息

序号	名　称	直径（km）	质量（10^{15} kg）	自转周期（hours）	公转周期（years）	半轴长（AU）
1	谷神星	960×932	870 000	9.075	4.60	2.767
2	派拉丝（掌管智慧的女神）	570×525×482	318 000	7.811	4.61	2.774
3	朱诺	240	20 000	7.210	4.36	2.669

序号	名　称	直径(km)	质量(10^{15} kg)	自转周期(hours)	公转周期(years)	半轴长(AU)
4	灶神星	530	300 000	5.342	3.63	2.362
45	尤吉娜	226	6 100	5.699	4.49	2.721
140	西瓦	103	1 500	18.5	4.51	2.734
216	克丽奥佩特拉(埃及女皇)	217×94	?	5.385	4.67	2.793
243	艾达	58×23	100	4.633	4.84	2.861
253	马蒂尔德	66×48×46	103.3	417.7	4.31	2.646
433	爱神星	33×13×13	6.69	5.270	1.76	1.458
951	盖斯朴拉	19×21×11	10	7.042	3.29	2.209
1566	爱卡罗斯	1.4	0.001	2.273	1.12	1.078
1620	吉尔罗佛	2.0	0.004	5.222	1.39	1.245
1862	阿波罗	1.6	0.002	3.063	1.81	1.471
2060	半人马星	180	4 000	5.9	50.7	13.633

资料来源:"Asteroid Fact Sheet", http://nssdc.gsfc.nasa.gov/planetary/factsheet/asteroidfact.html.

这些小行星几乎不属于同一类天体。例如,有些拥有卫星或者是双子星的一员。第一颗小行星的卫星于1993年8月23日由太空探测器伽利略号发现。这颗小行星叫做"爱达"(Ida),它的卫星被叫做载克太(Dactyl)。如今,天文学家认为至少有24颗小行星或者有卫星或者是双子星的一员。除了"爱达",这些小行星还包括黛尔蒂玛(Diotima, 423)、赫克列娜(Herculina, 532)、克洛卡斯

（Crocus，1220）、欧菲利亚（Ophelia，171）、卢希娜（Lucina，146）、西维亚（Sylvia，87）、帕雷丝（Pales，40）、（Kalliope，22）、普尔科瓦（Pulcova，762）、安提俄珀（Antiope，90）、克丽奥佩特拉（Kleopatra，216）、（Eugnia，45）。

小行星同样具有大量不同的形状。如上表所示，有些呈球形（在各个方向上直径一样），而其他的小行星在各个方向上直径都不相同。例如，帕拉斯形状有点像扭曲的土豆。位于波多黎各阿雷西波的无线望远镜发现"克丽奥佩特拉"的形状十分与众不同，和狗食饼干很相似。

这些小行星的轨道特征也存在着显著的差异。其中很多小行星的半轴长都位于提丢斯和巴德预测的"魔幻区域"（magic zone，离太阳2.8AU），而有些轨道离太阳更近，其他一些小行星的轨道离太阳更远。

有关这些小行星化学成分的数据主要来源于三方面：（1）利用地基天文台和哈勃太空望远镜得到的对行星发射光波的光谱分析；（2）对于流星的实验分析，大部分的情形被认为或假设为起源于小行星带；（3）"伽利略"号飞船飞向木星时的观测。"伽利略"号在距离加斯帕（Gaspra）1 000英里（1 600千米）和在距离"爱达"1 500英里（2 400千米）处飞行，并且得到了有关小行星最清晰的照片和关于这两颗行星化学成分的丰富数据。

利用这些数据，天文学家根据小行星两方面的特性将它们划分成不同的组分。这两方面的特性是：小行星的反照率和它的矿石成分。

根据小行星的主要成分，它们被分成不同的组（A、B、C等）。例如，C代表富含碳，M代表富含金属，S代表富含硅，E代表富含顽辉石

(Enstatite),R代表红色。后来的分类以字母表顺序标准命名,而不是化学成分。大部分小行星都属于三组,见表6-7,用星号表明。例如,C组小行星有时被进一步分为几个小组:CI、CK、CM、CV、CO和CR,这与含碳陨石的分类相似。

表6-7 行星的化学成分

类别	反照率	占所有已知小行星的比例	主要矿石	相似的彗星陨石
A	高	~0	橄榄石	无球粒陨石,石铁陨石,brachinite
B	低	~0	氢氧化硅,碳、有机物	Cl或CM陨石
C*	很低	~75%	氢氧化硅,碳、有机物	Cl或CM陨石
D	很低	~0	碳、有机物	与碳质陨石类似
E	很高	~0	顽辉石,镁橄榄石	顽辉陨石
F	很低	~0	氢氧化硅,碳、有机物	Cl或CM陨石
G	很低	~0	氢氧化硅,碳、有机物	Cl或CM陨石
M*	中等	~8%	金属	铁
P	很低	~0	碳,有机物	干燥碳质陨石
Q	高	~0	辉石、橄榄石、普通陨石	金属
R	高	~0	辉石、橄榄石	石铁陨石、含辉石、橄榄石的无球粒陨石
S*	中等	~17%	辉石、橄榄石、石铁陨石	金属

续 表

类别	反照率	占所有已知小行星的比例	主要矿石	相似的彗星陨石
T	很低	~0	氢氧化硅，碳、有机物	Cl或CM陨石
V	高	~0	辉石、长石	玄武岩陨石

资料来源：引自约翰·S. 路易斯（John S.Lewis）《太阳系中的物理和化学（修订版）》（*Physics and Chemistry of the Solar System*），圣迭戈：学术出版社（San Diego:Academic Press），1997，Ⅷ. 4，第361页。这种分类方式最初由爱德华·泰德斯柯（Edward Tedesco）和他在喷气推进实验室的同事一起，根据红外天文卫星（IRAS Infrared Astronomical Satellite）小行星调查（《三要素的小行星分类》，The Astronomical Journal 97，580）的数据而提出来的。

几乎自从第一批小行星被发现开始，科学家们就存在一个极大的疑惑："这些天体最初是如何产生的？"一种可能的答案是，这些小行星是一颗大行星爆炸后产生的碎片。这样的爆炸可能是由于内部作用、彗星或其他天体的重力作用或一些其他的作用引起的。它使一颗行星破碎成数以百万计的小碎片，这些碎片最终形成今天我们能够观察到的小行星带。

但是，20世纪60年代，当天文学家能够估算出这些小行星的总质量后，这种想法最终寿终正寝。他们发现小行星带的天体总质量不超过最大的小行星"爱尔斯"质量的2倍。如果一个天体质量是所有这些质量的总和，它约为月球质量的5%，地球质量的0.000 6。这种尺寸的行星让人很难想象其真的存在。

自从"行星爆炸"理论被抛弃后，科学家又提出了关于小行星形成的另一种新假设。

大部分天文学家如今都认为，这些小行星是由两颗大小与美国罗德岛相近的天体在宇宙中发生碰撞而形成的。这次碰撞产生了数以百万计的碎片，尺度从灰尘大小到最大的小行星。由于仍然存在万有引力的作用，这次碰撞的残留物继续在一个密集的区域内绕着太阳做轨道运动。

该假设形成于2002年，那时西南研究学会（the Southwest Research Institute SwRI）声明，他们已经发现了一组彼此非常相似的小行星，是由580万年前两个更大天体的一次碰撞产生的。西南研究学会的科学家们认为，一个直径约为2英里（3千米）的小行星和另一个直径约为16英里（25千米）的大行星发生碰撞。其中较大的那颗小行星质量约为另一颗小行星的600倍。他们计算出当这颗较小的小行星和较大的小行星发生碰撞时，它的速度约为11 000 mph（5 km/s）。碰撞后，这两颗小行星都破碎成数以千计的碎片，它们的尺度从0.5英里（1千米）的岩石到太空灰尘。由于其中最大的成员叫做832 Karin，这组小行星如今被叫做“Karin group”。

那么彗星、小行星和陨石之间存在什么样的关系呢？对于这个问题，有一部分是很清楚的：绝大部分的陨石都是这一小行星带中天体的残留物。目前已有大量证据表明，碳质粒状陨石来自C型粒状陨石小行星，含铁陨石来自M型小行星，顽辉石非粒状陨石来自E型小行星等等。同样目前可以部分确定，没有一颗陨石来自彗星。许多天文学家都认为彗星可能是陨石的来源之一，并认为终有一天彗星陨石能够被发现。

关于彗星和小行星的关系这个困扰已久的问题仍然存在。这两大家族的有些成员绕太阳的轨道十分相似，这一点使它们不可避免地联系在一起。1992年，一颗名为“1979VA”的小行星再次被发现，为这个问题提供了最令人着迷的线索。这颗小行星在1979年被第一次发现，但随后不久就消失了。也就是说，天文学家不能在预期的位置找到这颗小行星。自从1992年“1979VA”再次被发现后，天文学家们已经能够准确地勾画出这颗小行星的轨道。他们很惊讶地发现这颗小行星的轨道和威尔逊-哈灵顿彗星（Wilson-Harrington 1949 Ⅲ）十分吻合。这颗彗星的图片显示它就像一颗小行星。研究者最后得出结论，威尔逊-哈灵顿彗星已经改变了它本质的自然属性，变成了一颗小行星。

另一个有关彗星和小行星之间关系的吸引人的线索是由小行星“喀戎”（Chiron 2060）提供的，这颗小行星的轨道十分特别。正如下图6-4所示，它的轨道和土星轨道相交，并几乎和天王星的轨道相交。但是它的体积约为一般彗星的5万倍，这样大的体积让天文学

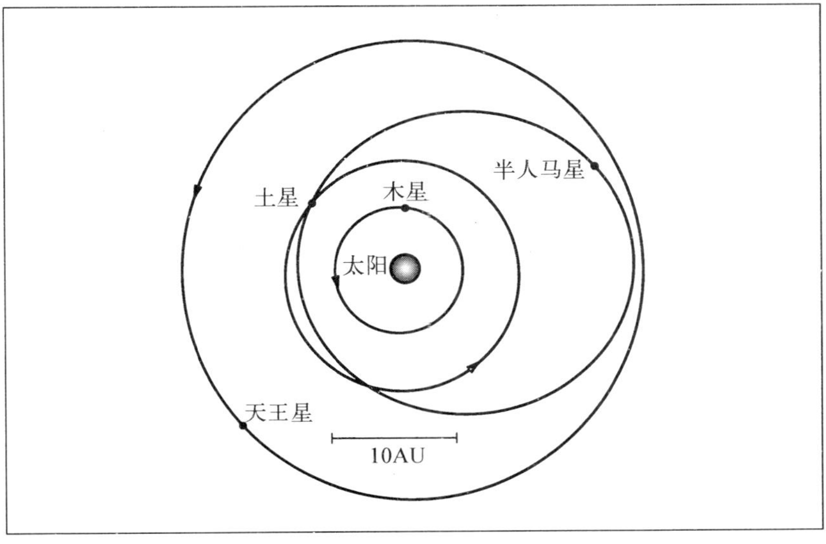

图6-4　半人马星的轨道

家在第一次发现它时，很难认为它是一颗小行星。它真正的本质属性仍然悬而未决，特别是当相似的另外3颗拥有异常轨道的小行星被发现后，情形更是难见改观。有些科学家认为，“喀戎”和它的同伴们共同被称为“半人马”（Centaurs），这是希腊神话中的一种半人半马的生物，是脱离“凯伯带”（Kuier belt）的彗星，但它们还没能到达最终的轨道。

因此，有关彗星和小行星真正关系这一问题仍然存在，就像德马尔蒂诺（M. Di Martino）和其他人在最近的一篇论文中所说的一样：“目前彗星和小行星的分辨越来越困难。事实上，有很多小行星在开始发现时被认为是彗星，然而后来又被重新归为小行星。对于彗星，也同样存在这种情况。这样的例子有很多。”

月 球

作为离地球最近的陆地天体，月球长久以来就是学者们研究的对象。例如，很多希腊天文学家都试图去测量月球的尺寸和它到地球的距离。两位最伟大的学者阿利斯塔克（Aristarchus）和希帕克斯（Hipparchus）获得的月球大小的数值与今天得到的数据惊人地相近。他们都利用了几何方法去进行计算，并且考虑到当时他们所使用仪器的准确度，这些结果实在是不可思议。阿利斯塔克得到的结果表明月球的直径是地球直径的0.35倍，希帕克斯得到的是0.29倍，这些都和如今的0.27倍非常接近。月球直径如今最准确的数据是2 158英里（3 476千米），它的质量是7.349×10^{22} kg，它距离地球的平均距离是238 754英里（384 467千米），并且它的密度约为3.350 g/cm³。

科学家通过地基天文台、太空望远镜（例如哈勃太空望远镜）、太空船和月球登陆器获得了关于月球物理性质和化学成分的大量信息。在由"美国阿波罗太空计划"实施的6次登月期间，科学家们关于月球的知识更是急剧增长。图6-5比较了这6次太空计划期间研究的规模，并记录了每次计划带回的月球物质。事实上，阿波罗计

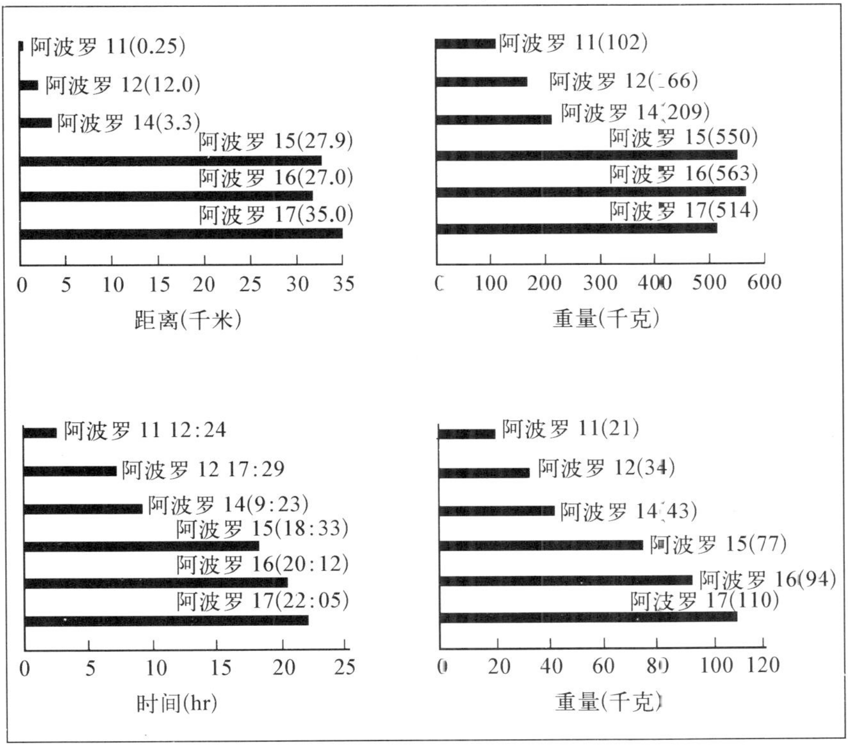

资料来源：数据来自国家航空航天博物馆（National Air and Space Museum）。
参考网站：www.nasm,edu/apollo/figures/compare.jpg.Accessed 9/15/2003.

图6-5 "阿波罗计划"对比图

划带回了很多样品，甚至在阿波罗计划结束30年后，这些样品仍只有一小部分被完全分析。

很早以前，科学家们就知道月球上存在很少的大气。这一事实可以很容易地由观测技术得出。当一颗恒星从月球的后面经过时，其发出的光线明暗变化十分迅速，几乎是同时发生的。但如果月球有大气，将不会出现这种现象。

科学家们设计了大量的阿波罗实验去验证月球上是否存在大气，如果存在，它的化学成分又是什么。由于两方面的原因，这种实验十分困难。首先，月球的大气层实际上是非常薄的，并且其中任意一种气体的含量都很低。第二，阿波罗宇航车和着陆舱周围的空气过浓，使得从月球资源中获得的结论模糊。

尽管如此，科学家还是获得了一些关于月球大气自然组成的粗略估计。月球大气温度变化剧烈，晚上可达100 K（−173℃），白天可达400 K（127℃）。月球表面晚上的压力大约3×10^{-15}，或者说是地球上的$1/10^{24}$。月球表面每立方厘米有2×10^{5}个微粒。

表6-8总结了在月球上发现的气体以及它们的丰度。这里给出的评估反映了在月球表面受热和阿波罗实验的存在产生的影响是最小的情况下，阿波罗实验得出的月球晚上测量结果。

表6-8　月球大气的成分估计

化学元素	含量（每立方厘米含的粒子数）	化学元素	含量（每立方厘米含的粒子数）
^{4}He	40 000	CO_2	1 000
^{20}Ne	40 000	O^{+}	微量
H_2	35 000	Ai^{+}	微量

续 表

化学元素	含量（每立方厘米含的粒子数）	化学元素	含量（每立方厘米含的粒子数）
^{40}Ar	30 000	Si^{+}	微量
^{22}Ne	5 000	P^{+}	可能存在的元素
^{36}Ar	2 000	Na^{+}	可能存在的元素
CH_4	1 000	Mg^{+}	可能存在的元素
NH_4	1 000		

资料来源："Moon Faet Sheet", http: //nssdc.gsfc.nasa.gov/planetary/factsheet/moonfact.html.

列在这个表格中的元素看起来有3个不同的来源。一些气体，例如氦-4和氩-40，可能是从月球内部释放出来的。别的气体，例如氢和氦可能是月球微弱的引力从太阳风中捕获的，尽管它们只是瞬间存在于月球大气层中（几小时或几天）。别的气体很可能是通过彗星、小行星或者其他天体与月球相撞后粉碎或者释放出其内部的气体后进入到月球大气层中的。

月球大概的特征已经久为人知。它的表面反映了长时间和彗星、小行星以及其他行星的撞击。一幅月球表面地貌图展现了许多孤立的由这些撞击产生的火山口，这些火山口通常被覆盖着爆炸喷出的物质；平地；阴暗区（一些大片的区域，像是数百万年前流出的岩浆冷却后形成的）；由许许多多相互交叠的火山口形成的高地；似乎是月球地壳运动产生的小河和射线。

1969年7月（阿波罗11）至1972年12月（阿波罗17）6次阿波罗探测，大大丰富了人们对于诸如月球大气层之类的月球表面化学性质的了解。除此之外，各种各样的无人探月工程，包括苏联的月神计划和美国的勘测者计划,也收集了许多信息。表6-9总结了这些计划中成功的航天任务所收集到的数据。

表6-9　研究月球表面的成功任务

任　务	抵月日期	成　　就
月神10（苏联）	1966.4.3进入月球轨道	γ射线分光计探测月球表面物质
勘测者6（美国）	1967.10.11在麦迪低地着陆	α散射仪研究月球表面组成
勘测者7（美国）	1968.1.10在太科火山着陆	α散射仪研究月球表面组成;土壤结构表面取样器研究土壤性质
阿波罗11（美国）	1969.7.20在川奎立坦提斯地着陆	收集44磅（20千克）月岩物质
阿波罗12（美国）	1969.11.19在海神普若塞拉姆地着陆	收集75磅（34千克）月岩物质
阿波罗14（美国）	1971.2.5在莫若教士地着陆	收集98磅（44千克）月岩物质
阿波罗15（美国）	1971.4.30在汉得立大沟着陆	收集173磅（78千克）月岩物质
阿波罗16（美国）	1972.4.20在笛卡儿地着陆	收集213磅（96千克）月岩物质
阿波罗17（美国）	1972.11.11在立得若金牛山着陆	收集240磅（109千克）月岩物质

月球上的岩石大体上可分为两类:火成岩和变质岩。火成岩是从火山口或月球表面其他物体的开口中喷出的熔融物凝固后形成的。变质岩是业已存在的岩石暴露在高温或高压下转变而成。地球上的第三种岩石——沉积岩,在月球表面上根本不存在。沉积岩通常是由水蚀或风化以及其他破坏过程形成的颗粒积聚形成的。由于

月球缺少水和空气，相似的过程在月球上不能发生。取而代之的，在月球表面上与沉积岩最相似的物质是风化岩层——一种由许多大大小小、尺寸不一的微粒构成的复杂的混合物。沉积岩层是在陨星、彗星或者其他天体撞击月球时形成的。沉积岩只是作为月外天体撞击月球的结果。在这些情形下，撞击产生的温度和压力足以将沉积岩转变为变质岩。

大多数通过阿波罗探月任务获得的月球岩石属于三类岩石中的一种：玄武岩、角砾岩和KREEP岩（一种特殊的富含钾、稀土元素和磷的火成岩）。玄武岩是一种火成岩，是熔融物比如岩浆冷却后形成的，它是一种主要由辉石和斜长石组成的黑色岩石，还有含量不等的橄榄石。玄武岩主要存在于月球上被叫做'月海"的海拔较低的平地中。科学家认为，月海是月球表层下的岩浆喷发出来形成的。

角砾岩和KREEP岩较多地出现在月球表面上被叫做"月球高地"的海拔较高的地方。角砾岩是陨星、彗星或者别的天体与月球表面撞击后产生的高温高压熔合了一部分风化岩层而形成的一种岩石。KREEP岩与"月海"中发现的玄武岩相类似，不过它的钾、磷、稀土元素的含量要高一些。

对阿波罗宇航员带回来的月岩的研究表明，有3种在某些岩石中含量超过10%的主要矿物质；还有3种微量矿物，含量在1%~10%之间；还有种类繁多的极微量元素，通常含量在1%以下。表6-10列出了这些矿物质。这些矿物质中许多有不止一种存在形式。例如，种类繁多的辉石因阳离子（铁、镁、钙）而有很大不同。顽辉石是其中一种，分子式为$MgSiO_3$；钙硅石是$CaSiO_3$；铁钙辉石是$CaFeSi_2O_6$。

表6-10 月岩中发现的部分矿物

矿 物 质	分 子 式
主 要 矿 种	
钛酸铁	$FeTiO_3$
辉石	$(Mg, Fe, Ca)SiO_3$
长石	$(Ca, Na, K, Al)Si_3O_8$
次 要 矿 种	
方石英	SiO_3
鳞英石	SiO_2
橄榄石	$(Mg, Fe)_2SiO_4$
三斜铁辉石	$CaFe_6(SiO_3)_7$
伴 随 矿 种	
铁纹石	Ni含量$<6\%$的Fe-Ni合金
镍纹石	Ni含量$>6\%$的Fe-Ni合金
陨硫铁	FeS
黄铜矿	$CuFeS_2$
钙钛矿	$CaTiO_3$
铬铁矿	$FeCr_2O_4$
石英	SiO_2
金红石	TiO_2
白磷钙矿	$Ca_3(PO_4)_2$
正长石	$KAlSi_3O_8$

对阿波罗任务带回来的月岩和“勘测者”号报道的数据的分析，现在提供了大量关于月球表面岩石和风化岩层组成的信息。正如表

6-11所示，各种化合物的含量在岩石与岩石之间、岩石与风化土层之间有很大差别。

表6-11　部分月岩样本的化学组成

成分	勘测者号			月岩					
	5	6	7						
				70 215	15 545	14 053	15 386	62 237	14 321 C
SiO_2	46.4	49.1	46.1	37.8	45.2	46.4	50.8	41.9	74.2
MgO	4.4	6.6	7.0	6.7	10.3	8.5	9.34	5.11	0.07
FeO	12.1	12.4	5.5	19.8	22.1	16.8	10.4	5.89	5.6
CaO	14.5	12.9	18.3	11.1	9.8	11.2	9.60	16.3	8.8
Al_2O_3	14.4	14.7	22.3	10.4	8.6	13.6	15.0	29.6	12.5
TiO_2	7.6	3.5	0.0	10.5	2.4	2.6	2.06	—	0.33
Na_2O	0.6	0.8	0.7	0.40	0.31	—	—	0.2	0.52
K_2O	—	—		0.06	0.04	0.10	0.61	—	8.1
CrO_3	—	—		0.25	0.68	—	—	—	—

资料来源：约翰·S. 路易斯，《太阳系中的物理和化学（修订版）》，圣迭戈：学术出版社，1997，表IX 1a，1b，404，405页。

"勘测者"和"阿波罗"任务提供了绝无仅有的数据积累。这些结果加深了人们对月球表面物理和化学特性的了解，而且在未来的许多年中，还会增加对地球的了解。

现代空间技术已经为困扰人们几个世纪的彗星、流星、小行星和月亮的问题提供了数据解释。现在，科学家知道大量关于这些天体的化学组成和在太阳系中的运动轨道的知识，还有一些关于它们产生机制的知识。获得这些数据的研究正在进行，将来有望推进对这些天体更细致的了解。

结语

与几乎所有领域的科学家相类似，天文化学家也很少有具体的对象可供操作。他们的实验对象——恒星、星际物质、行星、小行星、彗星和别的天体，很少有距离地球在几百万千米以内的。在多数情况下，科学家所要处理的是从天空中一个小光点透过的光束，或者，在少数情况下，是一个发光球。

然而，数个世纪以来，天文学家已经发展了大量出色的设备和技术以从这些有限的资源中获取尽可能多的信息，并且，他们已经掌握了在实验室中重现，或者，至少是模拟宇宙过程的方法。结果，到20世纪60年代初，天文学家已经总结出了十分庞大的关于宇宙物理化学结构的知识体系，还有关于宇宙是如何起源以及现在是如何演化的相对固定的理论体系。

一直以来，天文学中的问题主要是天文学家可利用的数据十分有限，并且难以避免其自身固有的不确定性。所以不难理解，随着时间的推移，许多确立很久并且相对可靠的关于宇宙性质的科学理论被推翻或者被修正，以适应新的信息。

21世纪初期最非同寻常的发现之一，就是暗物质的可能存在性，暗物质看起来像是一种使物质颗粒相互分离而不是相互聚集的力量。尽管这一概念与物理学家认为正确的每一个物理理论都相矛盾，但这种现象可能存在的证据还是不断出现。如果它确实存在，将改变我们对宇宙构成和演化方式的了解。

量子论在天文化学中的进步促成了能够到达太阳系任何角落并且能够进入星际空间，从而可以在比以前更宽广的范围内直接进行探测的空间工具的产生。除此以外，游弋在太空的望远镜，例如，哈勃太空望远镜以及其他的探测设备，继续提供太阳系甚至宇宙幽深处的照片和其他形式的图像。在过去的20年中，科学家从这些新的信息来源中获得了足以让他们花费数年的时间整理、分类并加以诠释的数据。

在未来还有望获得更加丰富的信息。美国国家航空航天局、欧洲宇航局、日本太空与航天科学委员会正在筹划向太阳系——太阳系的最边缘的行星、彗星、小行星和别的天体发射探测器。未来10年，现在正在学校里学习化学的年轻人将利用这些数据进行科学发现，并构建足以改变天文学许多领域的理论。作为一门最古老的科学，天文学仍然焕发着无与伦比的活力，它引领着人类继续探索世界起源和演化以及生命起源和发展的秘密。